The Garden of Love-Light

Poems of Sri Chinmoy

প্রেমালোকের কানন

শ্রী চিন্ময়ের কবিতা

Sri Chinmoy is indeed a multi-faceted genius, a multi-splendoured personality, and also a poet, artist, musician and athlete, as well as a spiritual guide. Sri Chinmoy is an embodiment of Rabindranath Tagore's concept of 'the universal man'.

India, the land of his birth, has had several seers and sages throughout its thousands and thousands of years of history, who tried to put man in touch with his inner reality and offered nourishment for the soul. Sri Chinmoy belongs to the same tradition.

Siddhartha Shankar Ray
Ambassador of India to the United States, introducing Sri Chinmoy in Washington, DC on 17 November 1995 to an audience of more than 10,000.

The spiritual quest of Sri Chimoy turned him also towards the creative arts – music, painting and poetry. The verses collected in *Premaloker Kanan*, and the English version of the same by Sri Chinmoy himself under the title, *The Garden of Love-Light* (produced as a single bilingual volume), reflect the deep emotion and introspection of their creator. In diction, metaphor and metre they remind the reader of the tradition of Bengali mystic poems, yet the mark of Sri Chinmoy's individual thoughts and feelings is obvious. His message of humanity and love in this time of strife and stress will surely inspire the readers to walk the path of peace and friendship for all.

Anisuzzaman
Professor Emeritus
University of Dhaka
Bangladesh
21 July 2016

The Garden of Love-Light Poems of Sri Chinmoy

প্রেমালোকের কানন শ্রী চিন্ময়ের কবিতা

This book of Sri Chinmoy's classic poetry is released in honour of the poet's 85th birth anniversary 27 August 2016.

First Bengali-English Edition:
Amor Ekusher Boimela 2016
Published by: Balaka Prokashon, Chittagong, Bangladesh

Front cover: The cover art is a detail from a painting
by Sri Chinmoy entitled "Change".
Back cover: The photo of Sri Chinmoy is by Ranjana K. Ghose

Sri Chinmoy's first book in the West, *Meditations: Food for the Soul*, was published in New York in 1970.

Published by Agni Press
in cooperation with
Jharna-Kala Foundation
86-06 Parsons Blvd
Jamaica Hills, New York 11432"

Inquiries@ArtofSriChinmoy.org
For more information:
www.SriChinmoy.org

প্রসঙ্গ : শ্রী চিন্ময়ের কাব্যগ্রন্থ
প্রেমালোকের কানন

সাহিত্যে কবিতার আধ্যাত্মিক ধারার ঐতিহ্য যুগযুগান্তরের। আধুনিককালে আবার সে ধারাটি শ্রী চিন্ময় আমাদের নতুন করে দেখালেন। বহু যুগের আধ্যাত্মিক কবিদের অনুপ্রেরণায় শ্রী চিন্ময় এই 'গার্ডেন অব লাভ লাইট' কবিতাগুলো লিখেছেন। এই কবিতা সমূহের রচনাকাল ১৯৪৮ থেকে ১৯৭৪ সাল পর্যন্ত, যাতে প্রতিফলিত হয়েছে তাঁর দার্শনিক ও আধ্যাত্মিক চিন্তাচেতনা। এই কালজয়ী কবিতা সমূহে শ্রী চিন্ময় একজন সত্যান্বেষীর আধ্যাত্মিক যাত্রার উত্থানটিকে প্রকাশ করেছেন। ১৯৭৩ সাল থেকে ১৯৭৫ সালের মধ্যে নিউইয়র্ক থেকে এই কবিতাগুলো 'গার্ডেন অব লাভ লাইট ১, ২, ৩ নামে তিন খন্ডে প্রকাশিত হয়। কবিতাগুলোর সমগ্র সংকলন পূনঃ প্রকাশিত হচ্ছে, এতে আমরা খুশী। এই সংকলনে শ্রী চিন্ময়ের ১৪০টি বাংলা কবিতা রয়েছে। যা কবি নিজেই নিজের বাংলায় লিখা কবিতা থেকে ইংরেজিতে অনুবাদ করেছেন। এই বাংলাভাষী কবি তাঁর রচিত অনেক বাংলা কবিতাকে পরবর্তীতে সুরারোপ করেছেন। আবার কখনো বাংলায় লিখা কবিতাগুলো ইংরেজিতে অনুবাদও করেছেন।

দি গার্ডেন অব লাভ লাইট কবিতাগুলো শ্রী চিন্ময় প্রায় অর্ধশত বছর আগে রচনা শুরু করেছিলেন। পুরনো হলেও কবিতাগুলো যেন এখনো চির নতুন এবং চির অনুপ্রেরণার উৎস, কবিতা আর কবিতা প্রেমীর মনের মেলবন্ধন, স্বর্গীয় আশীর্বাদ, ইচ্ছা পূরণের স্বাধীন আকাশ-মাটি। ১৯৬৪ সালে ১৩ই এপ্রিল শ্রী চিন্ময় নিউইয়র্ক আসার পর দীর্ঘ সময়

About "The Garden of Love-Light Poems of Sri Chinmoy"

The ancient mystical tradition of poetry has traversed the ages. And here, in the poetry of Sri Chinmoy, we witness in this modern era ever again, the inspiration of the mystic poets, captured into written form within both the formal and free verse of Sri Chinmoy.

This poetry series had been written between 1948 and 1974, and represents the advent of an age of prolific spiritual and philosophical writing of profound thought and inner reflection by Sri Chinmoy. In the timeless context of his poetry, he expressed the ever-evolving spiritual journey of the seeker-soul.

Originally published in New York between 1973 and 1975 in three parts as *The Garden of Love-Light, Parts I, II and III*, with included music texts, we are now very pleased to see this collection of poems released under one cover as *The Garden of Love-Light Poems of Sri Chinmoy.* We gratefully publish it in honour of Sri Chinmoy's 85th birth anniversary, on 27 August 2016.

In this volume we find the 140 original Bengali poems by Sri Chinmoy facing the 140 English poems, which are the translations by the poet himself. It may be noted that this Bengali-born poet wrote many of his most sublime poems in Bengali first, and then time and again set them to music as songs. Most often, afterward

ধরে এহ কাবতাগুলো রচনা করোছলেন। পাঠকের মনের আকাশে তিনি কবিতাগুলোকে পাখির মতো উড়িয়ে দিয়েছেন। সে পাখি আজো পাঠকের মনের আকাশে উড়ছে দেখে আমরা আনন্দিত।

শ্রী চিন্ময় সেন্টার থেকে আমরা সংশ্লিষ্ট সকলকে তাদের এই আন্তরিক প্রচেষ্টার জন্য কৃতজ্ঞতা প্রকাশ করছি। আর কৃতজ্ঞতা প্রকাশ করছি বাংলা, নিউইয়র্কের, বিশ্বের সেই চির চেনা আধ্যাত্মিক কবি বন্ধুর প্রতি যিনি আর কেউ নন, স্বনামধন্য শ্রী চিন্ময়।

শ্রী চিন্ময় সেন্টার প্রকাশনা দলের পক্ষ থেকে

রঞ্জনা কে ঘোষ
(ব্যক্তিগত সহকারী, শ্রী চিন্ময় ১৯৭১ থেকে ২০০৭)
সভাপতি, বোর্ড অব ট্রাস্টি শ্রী চিন্ময় সেন্টার, নিউইয়র্ক ২০০৫

he would translate the Bengali poem into English poetry.

The Bengali script appearing in this volume has been reconstructed from the Roman transliteration which Sri Chinmoy made available to his Western students as the lyrics to the songs they were then learning. This transliteration was usually with minimal punctuation. We are grateful for the opportunity to offer the exquisite Bengali poetry in an accessible form for both Bengali and non-Bengali speakers, and hope it accurately reflects Sri Chinmoy's original intention.

The Garden of Love-Light Poems of Sri Chinmoy is a work of immortal vintage poems. We find herein some of Sri Chinmoy's earliest poetry and yet the epiphanies within are dawning ever anew, within the self and within mankind. As they take wing through the air, may their inspiration fall upon us, like the blessings of the Heavens. Thus shall they once again re-inspire or re-awaken a slumbering mankind's thoughts and spiritual yearnings, as the wing of the poet and the wing of the poetry-lover become merged in spirit, to fly as one bird in the freedom-sky of our imagination.

The Sri Chinmoy Centre of New York releases *The Garden of Love-Light Poems of Sri Chinmoy* much as birds to the sky, that they might fly ever again and again, that we all might share in this liberated soul's mystical scribings in poetic form.

Our gratitude to our many staff members, past and present, who have helped over this past 50 years and to the numerous devoted and avid readers of the works of Sri Chinmoy, claimed by many as their poet laureate of choice. The Sri Chinmoy Centre thanks you for your part in maintaining this poet's vast legacy of letters with which he has endowed humanity. After more than 50 years of this poet's significant cultural presence in New York City, which proudly harboured him from April 13, 1964 onwards, may this edition see the light of day.

With this volume may we add to the great honour due him, due this illuminator-poet of Bengal, poet of New York, poet of the world.

Ranjana K. Ghose
Secretary to Sri Chinmoy (1971 through 2007)
President of Board of Trustees,
Sri Chinmoy Centre, New York (2005 onwards)

Praise for

The Garden of Love-Light

Poems of Sri Chinmoy

The title *The Garden of Love-Light* encapsulates what lies within – a warm, refreshing poetic space that has the resplendence of a rainbow, replete with imagery and a cadence that stays with the reader like a deeply moving raga, long after its rendition. The collection is a musician's inspiration, a painter's reverie, a philosopher's illumination and a devotee's restorative delight. Its bilingual presentation, with its East-West bridge-building expansiveness, is imbued with a love of humanity and a universalism that make the reader feel Sri Chinmoy's presence as a truly sustaining force.

Professor Bashabi Fraser
Director, Scottish Centre of Tagore Studies
Edinburgh Napier University
Scotland

THE DIVINITY OF HUMANITY:
on *The Garden of Love-Light, Poems of Sri Chinmoy*

This book arrived during a surprisingly difficult week for me. I suspected that it was to remind me that my best laid plans mean little in the larger plan, that my ego, even my well-meaning ego, is not in charge.

Sri Chinmoy never forgot this truth, and many of these poems reveal his awareness of the limits of human understanding in the face of Divine wholeness. "My Krishna…looks dark," he writes, "because I have spilled the ink of my mind on Him. Otherwise, my Beloved is All-Light." Sri Chinmoy was intimately acquainted with the Divine, and with the state of All-Light that transcends duality, but he was also acquainted with the complicated ground of human understanding, and with the full range of human emotions. His courage to be true to that humanity reminds us that the Divine loves us to the edges of our understanding, in the very limits of our beings. Although Sri Chinmoy was a spiritual luminary, a transformed being, and a guru to countless people, his poems reveal that his relationship to the Divine was not finished, was never triumphantly pat or static. It was, rather, a real relationship – evolving, growing, weathering every day and renewing itself through genuine love and seeking. It was dynamic and alive, as we see in these poems.

"O Lord Supreme," he wrote, "only the other day,
I saw You and played with You
Before I came into the world of ignorance-night.
    Yet I remember my golden past
        within and without.
    Alas, far, very far, now You are.
    The bird of my heart is crying and trembling
        with darkest pangs."

I believe these "darkest pangs" and I am moved by them. I believe that Sri Chinmoy felt them deeply, that he transformed them into the heights of spiritual understanding, and that he shared them with us so that we could acknowledge our own dark pangs in order to release them. In these poems, we see Sri Chinmoy's tenderness and vulnerability, which fueled his longing for the Lord and became the secret to his strength and ability to be a channel for others to know the Divinity within and without.

Many of the poems are filled with winsome pairings, kenning-like phrases such as "Love-Light," "ignorance-night," "sulk-venom," "nectar-compassion" or "Heart's silence-language." Usually, these marry a feeling with a more concrete entity, and therefore reveal the relationship between the energetic and material worlds, while suggesting the illusory or non-dual nature of everything. Just as the Divine is made manifest through the beings and things of this world, the Divine's compassion is experienced as an earthly substance: a nectar. It is Love taking form as Light; Light taking form as Love. Similarly, a true Bodhisattva or guru cannot just stay in the theoretical or energetic realm of compassion but must enter into the life and substance of that compassion, the very nectar of it. To me, these poems reveal Sri Chinmoy's compassion that led him to experience the thicket of life, the contradictions, pains, joys and humor of being human amid the ecstasies of Divine understanding.

And so I see this book as a continuing act of relationship and compassion – for the Divine and from the Divine, for the community of seekers and from the community of devotees. I am grateful that I could read these true and tender utterances, and could find a mirror in them in my own complicated time of questioning. And I marvel at the fullness of humanity, represented in Sri Chinmoy, that is both still growing and perfect, earnestly seeking and already whole, as it calls for the Divine embrace.

With gratitude for this beautiful book,

Rachel Jamison Webster
Poet, Author
Director of the Creative Writing Program
Northwestern University
Evanston, IL

In these days of endless bad news, with the "cord of wild restlessness" wrapping 'round us daily, it is easy to feel deeply hungry for "infinity's lustre" – calming, abiding images and invocations to hearten our spirits. No matter how religious one is or is not, the essential luminosity of Sri Chinmoy's spirit and fervor feels compelling, refreshing and profoundly hopeful. His poems are always attentive to a deeper call, awakening and stirring his readers. They help us be more silent "in the grove of (our minds)" as well as better witnesses with our own words.

What a gift this volume is.

Naomi Shihab Nye
Poet, novelist and songwriter

The Garden of Love-Light is an early collection of poem-songs by the great seer-poet Sri Chinmoy, and that makes the scale of its achievement all the more remarkable. This new edition brings together for the first time Sri Chinmoy's original Bengali verses and his own English translations, and the effect is thrilling. Not mere transliterations, the English versions have a quality and character all of their own, and stand alone as poems in their own right, reimagined, made new. Like all of Sri Chinmoy's subsequent work (and his poetic output was vast) they are instructional, uplifting, inspiring – mantric in their power. Imbued with a rare lyricism and innate musicality, they speak to the searching mind and the crying heart.

Professor Alan Spence
Professor Emeritus,
School of Language and Literature
University of Aberdeen
Scotland

The publication of this collection of Sri Chinmoy's early poems is an occasion for rejoicing, especially in this dual-language edition. His Bengali lyrics, with his own translations into English, are an essential part of his extensive body of work. These are mystical poems of unique depth and power. I first encountered them more than forty years ago, and they remain ever new and fresh in their capacity to move and illumine the reader.

The poems fuse clarity and economy of expression with profound feeling as Sri Chinmoy addresses the Divine as Mother, as the World-Lord, or as Krishna, the Lord of Love and Beauty who plays the Flute of transformation. The poet discloses the inner, spiritual world through vivid universal images: the soul-bird that flies in the boundless sky contrasted to the tiny, dark room or prison-cell of ignorance, the garden, the forest, the river, the world-ocean and the boat that crosses it, and the divine Being as an Ocean of Compassion and Delight. In the depths of his heart he communes with the Beloved and embraces a cosmic communion of all beings in the universe.

Myriad intense emotions – ranging from despair, austere detachment, and a mood of separation or challenge that paradoxically contains intimacy, to resolve, longing, devotion and the serene ecstasy of God-union – are all part of the journey from darkness to Light, from the finite to the Infinite. The journey reaches the goal of liberation in two simultaneous ways, in Love and in Silence, the themes of the title poem. And from the bliss of union, the journey returns to the world at large with the gift of transformation, as does this precious and irreplaceable book.

Kusumita P. Pederson
Professor Emerita of Religious Studies
St. Francis College
New York

Sri Chinmoy (1931-2007): The Garden of Love-Light – Poems

"We are the Pilgrims of the Lord Supreme
On the Path of Infinity."
(Poem *'Jatri'*, p. 148)

The 140 poems by the Bengali poet, mystic, musician, painter, essayist and spiritual teacher contained in this bilingual anthology are only a small, albeit striking, selection from the poet's gigantic oeuvre. Written between 1948 and 1974, these mystical poems were originally composed in Sri Chinmoy's native tongue Bengali and translated by him into English after his emigration to the United States. These mystical poems encompass several generic varieties – some are confessional poems, others devotional, some are spiritual songs of praise, others invocations and prayers addressed to the "Lord Supreme".

Written relatively early in Sri Chinmoy's spiritual life, the poems dwell on issues crucial to the spiritual pilgrim's "path to Infinity". While ultimately culminating in moments of illumination and the ecstatic experience of God's Presence in the poet's "heart", celebrated in enthusiastic songs of praise of the "Love-Light" and the "Beloved Lord" and the overwhelming experience of "Divine Compassion", Sri Chinmoy also addresses some darker aspects of the spiritual quest. He refers, for instance, to the time of "darkness in his inner world" and the painful awareness of God's absence in "his heart". These painful aspects are inalienable features of the purgative stage of the spiritual journey, when the seeker is still engulfed in the "prison-cell of attachment [to the world] and self-delusion" (p. 189). In the incipient stage of his mystical ascent he is still entrapped in a state of "ignorance". There are moreover painful times of the Beloved's (apparent) absence and times of His/Her (apparent) indifference to the seeker's aspirations and invocations. Some poems dwell on the poet's awareness that without being "liberated" from "I-ness", it will not be possible for the seeker to make any further progress.

Supported by the "Divine Pilot" governing his "heart", the poet-seeker finally succeeds in overcoming self-will, and hence reaches a stage of humility that enables surrender to the Lord selflessly in gratitude and love. Most of the poems thus revolve around the theme of spiritual transformation as experienced by the poet-seeker in the early years of his spiritual journey – and by implication – the poems provide a pattern of the mystical ascent relevant for any seeker engaging in the spiritual quest. Hence they will offer spiritual guidance to any perceptive reader intending to embark on the spiritual quest.

In these poems, Sri Chinmoy enthusiastically endorses the view that a humble soul that sincerely and truthfully is willing to pursue the "path to Infinity" will be enabled to overcome "the darkness of the inner world" by an illuminative act of "liberation" achieved by "Divine Compassion". At the end, he insists, the pilgrimage will afford awe-inspiring states of illumination with the "Lord" "enter[ing] into [the seeker's] life" and dwelling in it. The presence of "Love Divine" in the seeker's "heart" results in the seeker's ultimate transformation. He becomes an embodiment of "Love Divine" through his loss of the fear of death, his unflagging and all-encompassing love of humanity and creation, and his deep sense of inner peace, gratitude and ineffable bliss.

Sri Chinmoy envisages a world no longer governed by obsessive consumerism and callous striving for material values, but one in which humanity has overcome all contention, strife and hatred and achieved universal harmony and peace. Both as a mystical poet and a prose writer Sri Chinmoy advocates ardently this universal gospel of peace and love and "world-harmony" – a plea that seems particularly welcome at a time of conflict between cultures, religions, of mindless terrorist violence, blinkered religious fanaticism, ethnic cleansing, political turmoil, corruption and insatiable greed.

Along with Sri Chinmoy's other writings, his music and paintings, the poems in the present anthology can be seen as persuasive evidence of the author's genuine and tenacious commitment to universal peace and his unwavering belief in the redemptive power of forgiveness and compassion, as well as of his impassioned reassurance that the universe and all humanity are encompassed by "Love Divine". These texts dispel the notion of an apocalyptic and dystopian future of mankind so widely advertised by western media today. They rather proclaim vigorously a gospel of hope, the brotherhood of man across cultures, race, gender and religion. Sri Chinmoy's writings are a spiritual manifesto revealing that the "age of spirituality" has indeed been ushered in. The number of "God-lovers", Sri Chinmoy is convinced, will continue to multiply on a global scale and bring about a transformation of the world from one dominated by "the love of power" into one ruled by "the power of love". He thus supports the utopian vision of humanity living harmoniously in a "Garden of Love- Light".

To the perceptive reader, Sri Chinmoy's aphoristic mystical poems will not only open up a pathway to true wisdom, but also offer implicitly "spiritual" guidance. Like all his writings, they are authentic mystographical records of a genuine poet-mystic, reassuring the reader that humanity is immersed in the "ocean" of "Love Divine" and hence, opening up to it is all that is needed to achieve happiness and "world-harmony". Compassion and loving forgiveness inspired by the "Light Divine" is the path to salvation and true enlightenment.

Sri Chinmoy's poems are rendered in a plain, lucid poetic language, rich in oriental as well as archetypal images and symbols and thought-provoking metaphors. Syntactically the language is straightforward, concise and simple – which is the language of humility of the genuine poet-mystic who does not wish to aggrandize his own ego by the use of flamboyant artificial rhetoric and the use of sophisticated linguistic artifice. He speaks with the sincere, simple and authentic voice of the poet-seer, whose verses are intended to recapture the ineffable reality of the Divine in the written word. As a poet Sri Chinmoy has achieved admirably (to borrow a phrase from the 17th century English poet and mystic Thomas Traherne) "to bring down the Highest Mysteries to sense". Hence it is not surprising that the mystical poems of this truly cosmopolitan Bengali mystical poet have won world-wide acclaim and secured him a place in the perennial canon of mystical verse.

Franz K. Woehrer
English Department
University of Vienna, Austria
Vienna, 7 July 2016

CONTENTS

Part II

Part III

প্রেমালোকের বাগান-গল্প

ড. করুনাময় গোস্বামী

শ্রী চিন্ময় একজন মহাযোগী ছিলেন, শ্রেষ্ঠ যোগগুরু ছিলেন। মানুষের সর্বকালীন শ্রেষ্ঠ আধ্যাত্মিক শিক্ষকদের অন্যতম তিনি। এই তাঁর সর্বশ্রেষ্ঠ পরিচয়। তাঁর শিক্ষার প্রধানতম লক্ষ্য হচ্ছে শান্তি। ব্যক্তির জন্যে শান্তি, সমগ্র মানবজাতির জন্যে শান্তি। শ্রী চিন্ময় শান্তিযোগগুরু। শ্রী চিন্ময় গভীরভাবে একত্ববাদে বিশ্বাসী ছিলেন। তিনি সেই একত্ববাদ স্বয়ং আচরণ করতেন, শিক্ষাদানের ভেতর দিয়েও একত্বের মর্মকে বোধগম্য করে তুলতেন। ধর্ম বা আদর্শবাদের ভেতর দিয়ে মানুষ যে খণ্ড খণ্ডভাবে অস্তিত্ব রক্ষা করে তাকে জয় করে মানুষ যেন একটি সুবৃহৎ একত্বমঞ্চে দাঁড়াতে পারে তার জন্যে সকলকে তিনি উদ্বোধিত করতেন। বিশ্বচরাচর দেখতে বৈচিত্র্যময়, কিন্তু বৈচিত্র্যের ভেতর দিয়েও যে একত্ব দুর্দান্তভাবে ক্রিয়াশীল সে তিনি নিজে বিশ্বাস করতেন, অন্যকে অনুধাবন করতে বলতেন। যে যেখানেই থাকুন না কেন, যে বিশ্বাসই আচরণ করুন না কেন, শ্রী চিন্ময় তাদের বলতেন যে একই হচ্ছে বহুর ভিত্তি। তিনি জানতেন এবং বলতেন সত্য এক, এক হচ্ছে অনেক। এক অনেকের মধ্যে প্রকাশ পায়। অনেক একের মধ্যে অর্থসংগতি লাভ করে। শান্তি হচ্ছে সর্বার্থসার। শান্তি বিশ্বজগতের অর্থকে উন্মোচন করে। শান্তি হচ্ছে মানুষের অস্তিত্বের সর্বপ্রধান অবলম্বন। সুতরাং অস্তিত্ব বলতে বোঝায় শান্তি, শান্তিই অস্তিত্ব। সুতরাং শ্রী চিন্ময় যখন বলেন শান্তি মহান, তিনি সেই সঙ্গে স্বীকার করেন যে, বিশ্বসৃষ্টি মহান, মনুষ্যজীবন মহান এবং অবশ্যই অতি মহান হচ্ছে এক। আমরা অশান্তির মধ্যে বাঁচতে পারি, মানবজাতি অধিকাংশ সময়েই ঘোরতর অশান্তির মধ্যে জীবনধারণ করে, আমরা অশান্তির মধ্যে বাঁচি বটে, কিন্তু একমাত্র শান্তিতেই আমরা অস্তিত্বশীল। শান্তি অস্তিত্ব, অস্তিত্ব শান্তি।

The Saga of Love and Light

Karunamaya Goswami, Ph.D.

Sri Chinmoy (1931-2007) is one of the great spiritual teachers of all time. And all that he taught and did was directed to achieving peace, peace for the individual and peace for humanity as a whole. As a spiritual teacher, or a yoga guru, I should say, Sri Chinmoy tried to break open the walls of religious and ideological compartmentalization and invite humanity to come to the oneness-stage to silently chant the Oneness-Mantra. Sri Chinmoy very strongly believed in the Oneness Principle running through an apparently diverse-looking stage of creation, and tried to give everybody, from wherever he or she hails, the feeling that the One is the basis on which the surprising edifice of variety stands. So the truth is One, One is also many. One gets its forms in the many, and the many receive their meaning from the One. Peace is the meaning.

Peace is in discovering the meaning of the universe. Peace is the vital force of harmonious existence. Existence is peace, peace is existence. When Sri Chinmoy says Peace is great, he recognizes that creation is great, life is great and consequently the One is great. We may live in chaos and most of the time humanity has to pass through severe chaotic conditions, but in the depths of our being we exist in Peace.

একমাত্র শান্তিতেই আমরা অস্তিত্বশীল। শান্তি অস্তিত্ব, অস্তিত্ব শান্তি।

এ জন্যে, অর্থাৎ এই বোধশক্তিতে পৌঁছানোর জন্যে যে শান্তি অনিবার্য, আমাদের বোঝা প্রয়োজন যে, ধ্যান বা মেডিটেশন বিষয়টি অত্যন্ত গুরুত্বপূর্ণ। মেডিটেশন মানুষের দৃষ্টিভঙ্গিকে নির্মল করে। দৃষ্টিভঙ্গি নির্মল না হলে মানুষ শান্তিগন্তব্যকে দেখতে পায় না। জীবনের যে সত্য, শান্তি সত্য, তা অনেক মেঘের আড়ালে চাঁদের মতো আবৃত থাকে। আলো দৃশ্যমান হয় না। মেঘমুক্ত করে যেমন চাঁদ দেখতে হয়, তেমনি মানুষের জীবনদৃষ্টির সামনে থেকে আবিলতা দূর করে শান্তি-চন্দ্রকে দৃশ্যমান করতে হয়। মেডিটেশন সমগ্র প্রক্রিয়াকে সাধ্যের সীমায় নিয়ে আসে। মেডিটেশন জীবনের আকাশকে মেঘমুক্ত করে, মেডিটেশন চন্দ্রালোকে জীবনকে বিধৌত করতে সাহায্য করে। সত্যকে বুঝতে হলে, এককে বুঝতে হলে শান্তিবোধ চাই। মেডিটেশন মনকে শান্তিতে নিয়ে যায়। চন্দ্রালোক জীবনের পথকে আলোকিত করে। সেই আলোকিত পথে অগ্রসর হলে আমরা বুঝতে পারি মানুষ এক, অনেকের মধ্যে এক, ঐক্য বৈচিত্র্যের মধ্যে। মানুষের দৃষ্টি গৌরবান্বিত হয় যখন সে একের মধ্যে অনেক, অনেকের মধ্যে একেকে দেখতে পায়। মানুষের জীবন গৌরবান্বিত হয় ঐক্যবোধে ও শান্তিতে। অনৈক্য ও ঝঞ্ঝাট জীবনের অগৌরব। বিগত শত শত বৎসর ধরে সভ্যতার উত্থানে-পতনে মানুষ নিতান্ত কম সময়েই জীবনের গৌরব আস্বাদন করতে পেরেছে। অধিকাংশ সময়ই সে সহ্য করেছে জীবনের অগৌরব–অনৈক্যে, কলহে, সংঘাতে, বিভ্রান্তিতে। কোথাও আলো পাওয়া যায়নি। চন্দ্রালোক আগেও যেমন কালো মেঘে ঢাকা ছিল, এখনো তেমনি কালো মেঘেই ঢাকা রয়েছে। অমঙ্গল কী কৌশলে মঙ্গলকে ধরাশয়ী করে যাচ্ছে।

শ্রী চিন্ময় সম্পর্কে একটি অতুলনীয় বিষয় হচ্ছে গুরু হিসেবে তিনি চাইতেন চন্দ্রালোক সকলের কাছে পৌঁছুক। তাঁর চেষ্টার স্বরূপ ছিল দেশ নিরপেক্ষ, ভাষা নিরপেক্ষ, গোত্র, বর্ণ নিরপেক্ষ, সভ্যতা নিরপেক্ষ। তাঁর জন্ম হয়েছিল ব্রিটিশ ভারতে, ভারতীয় যোগ সাধনা পদ্ধতিতে নিজেকে তিনি প্রশিক্ষিত করেছিলেন পন্ডিচেরির শ্রী অরবিন্দ আশ্রমে। কিন্তু ধ্যানবলে, শিক্ষাবলে ও লক্ষ্যবলে তিনি তাঁর ভারতীয় যোগ্য উত্তরাধিকারকে অতিক্রম করে নিজের বৃহৎ লক্ষ্যকে অর্জন করতে সমর্থ হয়েছিলেন। তিনি বিশ্ব পটভূমিকায়

This is why meditation matters. Meditation is the vision-clearer. One who meditates can eventually understand the truth of life, which too often remains like the moon behind the patches of clouds. The moon appears only when the sky is cloud-free. Understanding truth, oneness or peace is like seeing the moon in the clear sky. Meditation gives us our moon to illuminate the path of life and to lead us to the realisation that humanity is one, although it appears to be many. Peace appears only when a sense of unity prevails. Life becomes glorious in unity and peace. It looks base in disunity and chaos. Throughout history, through the rise and fall of civilizations, human life reached its potential only very rarely. And for long stretches of time, there was no illumination at all. The moon of life remained and still remains hidden behind the clouds' black-looking patches, making it look like evil outmaneuvering the good.

As a guru to mankind, Sri Chinmoy has always tried to make life's moonlight reachable and available to everyone, irrespective of to which civilizational compartment he or she belongs. This is something unique about him. He was born in British India, and was trained in the Indian tradition of yoga in the world-famous Sri Aurobindo ashram in Pondicherry. Yet Sri Chinmoy rose far above time, space and personality to turn his Indian inheritance into a universal one.

Rabindranath Tagore, whom Sri Chinmoy admired so intensely, was the lone poet-composer in Bengal – and in India in a larger sense – who created a common cultural-spiritual space in which mankind could belong and unite, to ultimately feel that truth is one, salvation is

সংস্থিত হয়েছিলেন, নিজেকে সকলের ও সকলকে নিজের করে তুলেছিলেন।

শ্রী চিন্ময় প্রচণ্ড রবীন্দ্রানুরাগী ছিলেন। রবীন্দ্রদৃষ্টান্তকে অনুসরণ করতে ভালোবাসতেন। বাংলায় বা বৃহত্তম অর্থে ভারতবর্ষে রবীন্দ্রনাথ ছিলেন একমাত্র ধ্যানী কবি, যিনি সকল মানুষের জন্যে একটি সাধারণ (কমন) সাংস্কৃতিক-আধ্যাত্মিক স্থান রচনা করেছিলেন। তিনি খণ্ড খণ্ড মানব অস্তিত্বকে অখণ্ড অস্তিত্বে মেলাতে চেয়েছিলেন। তিনি বোঝাতে চেয়েছিলেন যে, সত্য এক, মুক্তি এক, মানুষ এক। পরমেশ্বর এই বার্তাটি সবাইকে পাঠান, কেননা তিনি এক। রবীন্দ্রনাথ দুই হাজারের ওপর গান দিয়ে, অনেক অনেক ভাষণ দিয়ে, পত্র দিয়ে, প্রবন্ধ উপন্যাস-গল্পসমূহে নানা অনুকূল বক্তব্য উপস্থাপন করে চিন্তা ও অনুভবের এই সর্বজনীন স্থানটি নির্মাণের চেষ্টা করেছেন। শ্রী চিন্ময় নিজেও ছিলেন প্রতিভাবান কবি ও সংগীত রচয়িতা, তবে তিনি স্বভাবে ছিলেন যোগী, মেডিটেশনের ভেতর দিয়ে তিনি এই বার্তাটি রাখতেন ব্যক্তি নিজের মধ্যে একত্ববোধের আলো জ্বালাতে সমর্থ হলেই কেবল সর্বজনীন একত্ববোধের আলোর সঙ্গে নিজেকে যুক্ত করতে পারে। এই কাজটি সাধিত হলেই ব্যক্তি মানুষ ও সামগ্রিক মানুষ সর্বজনীন শান্তি-আলোকে আলোকিত হতে পারে। আমরা শান্তি চাই, মেডিটেশন এই আকাঙ্ক্ষাটি জাগিয়ে তোলে। সুতরাং বলা যেতে পারে আত্মোন্নতির জন্যে মেডিটেশন, আত্মোপলব্ধির জন্যে আত্মোন্নতি, একত্ববোধের জন্যে আত্মোপলব্ধি এবং পরিশেষে শান্তির জন্যে একত্মবোধ। পথের শেষে শান্তি। জীবন আকাশের মতো, চাঁদ হচ্ছে একত্ব-সত্য। শ্রী চিন্ময় সেই একত্ব-সত্যের দিকে আমাদের নিয়ে যান, শ্রী চিন্ময় মানুষকে একত্ব-দৃষ্টি অর্জনের দিকে পরিচালিত করেন।

তবে সকল ইচ্ছাকে বা সকল প্রবণতাকে সংগতির দিকে কেন্দ্রিত করার জন্যে চাই প্রেম। প্রেমালোকের কানন কাব্যগ্রন্থে যেসব গীতিকবিতা সংকলিত হয়েছে তাতে শ্রী চিন্ময় সে প্রেমের কথা বলেছেন, যে প্রেম সকল বিশৃংখলাকে শৃংখলাবদ্ধ করে, অসংহতিকে সংহতি দান করে, বহুকে একের দিকে টানে, সীমাকে অসীমের সঙ্গে যুক্ত করে। আকাশ আর মাটি আশ্চর্য বন্ধনে বাঁধা পড়ে। মধ্যযুগে এবং এর পরেও ভারতের মিস্টিক সন্ত কবিরা তাঁদের অশেষ প্রেমের আকাঙ্ক্ষা নিবেদন করেছেন পরম প্রভুকে। শত সহস্র

one. All these "ones" are revealed through God, who is One for all. Tagore mostly created this great unity-space through more than two thousand songs. Sri Chinmoy, who is a brilliant poet and composer in his own right, was fundamentally a yogi who meditated to convey that we are one only when we can ignite the oneness-flame to connect us to mankind's greater oneness-illumination. This leads us, at the end of the day, to peace-illumination for individuals and collective entities. Meditation for self-elevation, self-elevation for self-realisation, self-realisation for a sense of oneness, a sense of oneness for Peace. If life is like the sky, the moon is like the truth of oneness. Sri Chinmoy guides us to the oneness-truth, Sri Chinmoy guides us to the peace-vision.

But Love remains the mystical force for everything to happen in a harmonious design. The poems-turned-songs contained in Sri Chinmoy's *The Garden of Love-Light* take us deep into this intricate design which had been felt over centuries by the mystic saint-poets of India, who mostly poured their insatiable sense of love for the Supreme in hundreds of thousands of poems-turned-songs. They form an immortal chapter of Indian devotional literature. Sri Chinmoy is the latest of such poet-saints to carry on the tradition of Indian mystical love songs, from India to New York, where he lived for many years, to the world.

This raises the question of devotion or *bhakti*. It was the dominant passion of Vedic tradition in India, which took a formidable shape nearly 6000 years ago. Sri Krishna in the *Bhagavad Gita* urges mankind to lead life

গীতিকবিতায় এই প্রেমের তাড়না স্থান লাভ করেছে। এইসব গীতিকবিতা ভারতীয় ভক্তিসাহিত্যের অমর অধ্যায় রচনা করেছে। ভারতীয় মিস্টিক প্রেমের কাব্যধারায় শ্রী চিন্ময় সর্বশেষ সন্ত কবি। বিস্ময়ের বিষয় তিনি একেবারে সাম্প্রতিক কালে নিউইয়র্কের মতো বস্তুবাদপ্রাধান্য পীড়িত নগরে বসে এই ভাবলীলার গান রচনায় জগৎজোড়া সাফল্য অর্জন করেছিলেন।

ভক্তিবাদের প্রশ্নটি এখানে উত্থাপিত হতেই পারে। এখন থেকে প্রায় ৬০০০ বছর আগে ভারতে বৈদকি যুগের সূচনা। বৈদিক দর্শনে ও সাহিত্যে ভক্তিকে প্রধান স্থান দেয়া হয়েছে। ভগবদ্গীতায় শ্রীকৃষ্ণ তিনটি যোগস্তরের কথা বলেছেন, কর্মযোগ, জ্ঞানযোগ ও ভক্তিযোগ। ভক্তি হচ্ছে সর্বোচ্চযোগস্তর। শত শত বৎসর ধরে ভারতে ভক্তিকে মুক্তির সর্বোচ্চ উপায় বলা হয়েছে। বলা হয়েছে ভক্তিতেই মুক্তি। ভারতীয় দর্শন সে বৈদিক হোক আর বৌদ্ধ হোক মুক্তিকে জীবনসাধনার সর্বোচ্চ লক্ষ্য হিসেবে নির্দেশ করে। মুক্তির লক্ষ্যে পরিচালিত করার জন্যে ভক্তি হচ্ছে সর্বশ্রেষ্ঠ পথ।

কিন্তু মধ্যযুগে ভারতে প্রেমকে গৌরবান্বিত করে তোলার ধারণা গড়ে ওঠে। মিস্টিক ধরনের রচনায় বিশেষ করে কবিতায় ও গানে প্রেমকে অশেষ উৎসাহের সঙ্গে উজ্জ্বল করে তোলা হয়। কী উত্তর ভারতে, কী দক্ষিণ ভারতে মিস্টিক প্রেমে বিভোর কবিদের বিপুল উত্থান ঘটে। এই প্রেমভাবকে রূপায়িত করতে কবিদের থাকে বিপুল বহুশাখায়িত প্রচেষ্টা যার কেন্দ্রে থাকে রাধা-কৃষ্ণ প্রেমলীলা কাহিনী। তবে প্রেমভাববিভোর এই সন্ত কবিদের স্থান ক্ল্যাসিক্যাল ধর্মচিন্তার বা আচার-উপাসনার স্তরে নয়। এই প্রেমভাব বিষয়ে দারুণ রোমান্টিক এবং উপস্থাপনায় ফোক। তবে অনেক কালক্ষেপণ করার আগেই রাধা-কৃষ্ণ লীলা কাহিনীকে দর্শন চিন্তার আলোক প্রতিভাত করার চেষ্টা করা হয়, মনে করা হয় যে, কাহিনীটি রূপক এবং এই রূপক বিশুদ্ধ প্রেমকে নির্দেশ করে, ভগবৎপ্রেমও এরই নাম। রাধা-কৃষ্ণ কাহিনীকে তখন থেকে লৌকিক স্তর থেকে বের করে আনার চেষ্টা করা হয় এবং একে একটি দার্শনিক তত্ত্ব পর্যায় স্তরে উন্নীত করা হতে থাকে। কাহিনীর লৌকিক বা মানবিক উপরিস্তরটিকে জখম করা হয়নি, তবে বলা হয় যে, মানবিক স্তরটি আবরণমাত্র, এর অন্তরে রয়েছে ভক্তিবাদের চরম আকাঙ্ক্ষা পরমপ্রভুর সঙ্গে

through three yogic practices like *karma, jnana* and *bhakti; bhakti* being considered by some to be the highest. For hundreds of years, *bhakti* in India had been glorified as a gateway to *mukti,* or emancipation and salvation. Philosophy in India, be it Vedic or Buddhist, terms *mukti* as life's highest goal and *bhakti,* which leads to it, as the highest *marg* or way.

But in the middle ages, the cult of Love or *prema* began to be glorified in mystical writings, mostly in poems and songs throughout India, South or North. Initially the cult of Love, exemplified in the Radha-Krishna relationship, was found to be adopted by poet-saints who did not belong to the ambit of classical religious thoughts and rites. It was very strongly romantic in content and folk in nature. It was not long before the saint-poets who began to interpret Radha-Krishna ballads in purely philosophical terms took up love as the core of their allegory.

Sri Chaitanya (1486-1533), Bengal's foremost interpreter of Indian religious ideas, organized the allegorical meanings of the Radha-Krishna folk tales, spread out from Kashmir to Assam into a systematic philosophical narrative. This is Vaishnavism, as we have understood it for the last five hundred years. Vaishnavism emphasizes love, *prema,* more than devotion, or *bhakti. Bhakti* is there, it is *prema-bhakti*. Vaishnavism says that love is the abiding cosmic principle which defines the relation of the finite and the infinite. It is the axis around which the universe revolves. Radha is finite and Krishna is infinite. The finite-infinite relation-story was allegorically interpreted in Vaishnava discourses which have become

মিলন। মিস্টিক সাহিত্যে বা দর্শনে মিলনই পরম গন্তব্য। এর পরে আর কিছু থাকেনা। কামনার সমাধি ঘটে যায়। যাকে চাইছিলাম তাকে তো পেয়েই গেছি, এখন আর কি, এমন হচ্ছে কথাটি।

শ্রী চৈতন্য (১৪৮৬-১৫৩৩) ছিলেন ভারতীয় ধর্মতত্ত্বের সর্বশ্রেষ্ঠ বাঙালি ব্যাখ্যাকার। কাশ্মীর থেকে আসাম পর্যন্ত বিস্তৃত ও সাহিত্যে, সংগীতে, দর্শনে নানাভাবে উপস্থাপিত রাধা-কৃষ্ণ কাহিনীকে তিনি একটি কেন্দ্রীয় চিন্তায় সংহত করেন। তাঁর হাতেই গড়ে ওঠে আধুনিক বৈষ্ণব ধর্ম, গেল ৫০০ বছর ধরে আমরা এই বিষয়টিকে যেভাবে পাচ্ছি। শ্রী চৈতন্য যে বৈষ্ণবধর্ম প্রচার করলেন তার ভাবনায় রইলো প্রেম, প্রকাশে থাকলো সংগীত। শ্রী চৈতন্য প্রেমতত্ত্ব ও সংগীততত্ত্ব। ভালোবাসা ও সংগীত মিলে গড়ে উঠলো আধুনিক বৈষ্ণববাদ। ভক্তি নেই তা নয়। ভক্তি গিয়ে পরিণত হয়েছে প্রেমে। একে বলা হয়েছে মধুর। বৈষ্ণব ধর্ম মাধুর্যভাবের ধর্ম। এ ধর্ম প্রেম-ভক্তি ধর্ম। বৈষ্ণবধর্ম বলছে যে বিশ্বসংসার প্রেমের অক্ষরেখায় আবর্তিত হচ্ছে। এই আবর্তনের কেন্দ্রে রয়েছেন কৃষ্ণ, পুরুষ, বাইরে দৃশ্যমান সবকিছু রয়েছে প্রকৃতি, অসীম রয়েছে কেন্দ্রে, চারদিকে ঘিরে রয়েছে সীমা। অসীম কৃষ্ণ, সীমা রাধা। সীমা অসীমের সঙ্গে মিলন আকাঙ্ক্ষা করছে। ভালোবেসে মিলন। এ মিলন মানুষের মিলনের মতোই, তবু মানুষের নয়, এ মিলন দৈবী। সীমা-অসীমের মিলন রূপকার্থে রাধা-কৃষ্ণের মিলনগল্পে পরিণত হয়েছে বৈষ্ণবধর্ম। এ গল্প এতোটাই মানুষের, আবার এতোটাই দেবতার, একে নিয়ে বহুমাত্রিকবোধের ডিসকোর্স গড়ে উঠেছে। এই ডিসকোর্স হচ্ছে ভারতীয় শিল্প-সাহিত্যের নিত্য-নিয়ত অনুধ্যানের বিষয়। বাংলায় বলা হয়, কানু ছাড়া গীত নেই। কানু মানে কৃষ্ণ। বাংলায় যতো গান হয়েছে, প্রত্যক্ষে বা পরোক্ষে রাধা-কৃষ্ণকাহিনী নিয়েই গান হয়েছে বেশি। ভক্তির চেয়ে প্রেমকে কেন অধিকতর গুরুত্ব দেয়া হলো? সে এক জরুরি প্রশ্ন। ভক্তির মধ্যে এক ধরণের দূরত্ব থাকে। প্রেম দূরত্বকে ঘুচিয়ে দেয়। প্রেমে একের সঙ্গে আরেকের অতি নিকট সান্নিধ্য গড়ে তোলে। সীমা-অসীম মিলেমিশে একাকার হয়ে যায়। সীমা হচ্ছে আমি, অসীম হচ্ছে তুমি। আমি-তুমির সম্পর্ক নিয়ে বৈষ্ণবের প্রেমসংগীত।

বৈষ্ণব কবিদের রচিত আমি-তুমির সম্পর্ক নিয়ে রবীন্দ্রনাথ অসামান্য সব

central to all Indian art forms. There could, as we say, be no song without Kanu, the other name of Krishna. *Bhakti,* or devotion, leaves some distance between the devotee and the Lord of life. *Prema,* or love, removes the distance and brings in a close one-to-one intimacy. The intimacy of the finite-infinite relation has often created a human parallel and made an amazing story of the earth embracing the sky or the sky embracing the earth. Rabindranath Tagore explored the tradition of love created by the Vaishnava poets in so many ways to sing the glory of the I-You relation; I for the finite and You for the infinite. It sounds religious, but it does not reflect any particular religion. It is the compartment-free "I" and the compartment-free "You" playing together throughout the span of our life and beyond.

Outside the scope of Vaishnava lore, Rabindranath Tagore composed the sweetest Bengali poems and songs on the closest and warmest I-You relation. He created a new chapter of mysticism, far beyond classical mysticism where the mantra was emancipation through being punished, emancipation through denying life on earth. But neo-mysticism says that you don't have to renounce the world to get at the truth; you love it, love everything all around you. Love gives you light and light shows you the Truth's own way. You get emancipation or mukti through love, and love gives you light. The moon comes close to you to illumine your soul. You may be romantic even while being a mystic.

কবিতা-গান রচনা করেছেন। আমি বলতে সীমা, তুমি অসীম। আমি বলতে রাধা, তুমি বলতে কৃষ্ণ। শুনলে মনে হয় ধর্মসংগীত। কোনো বিশেষ সম্প্রদায়ের গান। রবীন্দ্ররচনায় বিষয়টি তেমন থাকেনি। তাঁর গানে সীমা-অসীমের সম্পর্কের মধ্যে তিনি জগতের সকল মানুষকে টানেন। তিনি মিস্টিকতার একটি নতুন দিকের উন্মোচন করেন। সাধারণত মিস্টিকবাদ বর্জনবাদ। চাইলে কতো সুন্দর জগৎ-প্রকৃতি দেখা যায়, সেজন্যে মিস্টিক কবি বলছেন, তোমার লাগিয়া যে আঁখি আমার সে আঁখি তোমার হোক, বলে কবি দৃষ্টি রুদ্ধ করলেন যেন মানসচক্ষে তিনি শুধু পরমকেই দর্শন করতে পারেন। রবীন্দ্রনাথের হচ্ছে গ্রহণধর্ম। তিনি বিশ্বজগতকে গ্রহণ করে, অপার সৌন্দর্য বিস্মিত হয়ে পরমের দ্বারে উপনীত হতে পারেন, মরণের পরে যেন সুন্দর পৃথিবীতে ফিরে আসেন তেমনি তিনি ভাবেন। এ বিষয় নিয়ে আশ্চর্য গান আছে রবীন্দ্রনাথের। ভারতবর্ষে এই নব মিস্টিকতার সূচনা রবীন্দ্রনাথে। আমি-তুমি নিয়ে ভাবি সুন্দর গীতাবলি রয়েছে তাঁর। ক্লাসিকাল মিস্টিসিজমে রয়েছে নিগ্রহরে ভেতর দিয়ে মুক্তির কথা, পার্থিব জীবনকে তুচ্ছ করার ভেতর দিয়ে মুক্তি অর্জনের কথা। কিন্তু রবীন্দ্রাচরিত নব মিস্টিকতা বলছেনা তুমি সবকিছুকে আগ্রাহ্য করো, অস্বীকার করো, বলছে তুমি সবকিছুকে ভালবাসো, সব কিছুকে আপন ভাবো, সত্যের পথ উদ্ভাসিত হবে, প্রেম দেবে আলো, আলো দেখাবে পথ, পথ যাবে সত্যসদনে। প্রেমালোক মুক্তিতে নিয়ে যাবে। চাঁদ এসে তোমার প্রাণ আলোকিত করবে। এ আলোক প্রেমালোক। এরই নাম রোমান্টিক নিও-মিস্টিসিজম।

শ্রী চিন্ময় ছিলেন নবমিস্টিক। মানে তিনি মিস্টিক ও রোমান্টিক। ক্ল্যাসিক্যাল মিস্টিকদের মতো তিনি বর্জনবাদী নন, মুক্তির জন্যে তিনি শাস্তিগ্রহণ করতে উদ্যত হন নি। তিনি চেয়ে দেখলেন ঈশ্বরের আশ্চর্য বিশ্বরচনা। কবিতা লিখলেন। জীবনের শুরু থেকেই। ১৯৬০ এর দশক থেকেই। ১৯৭৫ পর্যন্ত যে কবিতা লিখলেন তাকে তিন খণ্ডে সংকলিত করলেন। নাম দিলেন 'দ্য গার্ডেন অব লাভ-লাইট', বাংলা করা হলো 'প্রেমালোকের কানন'। প্রথমত এটি একটি বাগান, তারপর এখানে আছে প্রেম, এখানে আছে আলো, প্রেমের আলো। আমার কাছে ভাবতে আশ্চর্য লাগে মাত্র নয় বছর আগেও নিউইয়র্ক শহরেও একজন নব মিস্টিক বসবাস

Sri Chinmoy was a neo-mystic, which means he was a mystic and romantic as well. He collected these poems under the title *The Garden of Love-Light*. First of all, it is a garden, then it is love, and then it is light, light emanating from love. It is wonderful to think there is a garden, a garden of love, a garden of love-light. It is even more wonderful for me to think that only nine years ago in New York a modern-day mystic like Sri Chinmoy believed that the world still was a garden, that human beings blossomed like flowers, and that cosmic love was still there to illumine them under its amazing light. Love and light had been discussed, but Sri Chinmoy is the first to speak of love-light. No light without love and no love without light. This is very important. It is like putting head and heart together, putting together flower and fragrance.

Like the Vaishnavas, like Rabindranath Tagore, Sri Chinmoy felt that his life was shaped by the Lord Supreme, and all his actions and writings meaningful only when he could relate them to his Lord and His Play. In the second poem of *The Garden of Love-Light, Part I*, Sri Chinmoy says:

> I sing because You sing.
> I smile because You smile.
> Because You play on the flute,
> I have become Your flute.
> You play in the depths of my heart.
> You are mine, I am Yours.
> This is my sole identification.

করতেন যিনি পৃথিবী এখানো একটি বাগান, মানুষ সেই বাগানে ফোটা ফুল, সেই মানুষ-ফুলের প্রাণ এখনো অলৌকিক আলোকে আলোকিত হয়। সেই আলোক প্রেমের উৎস থেকে উৎসারিত। আমরা প্রেমের কথা শুনেছি, আলোর কথা শুনেছি, শ্রী চিন্ময় প্রেমালোকের কথা বললেন। তাঁর ধারণায় সেই প্রেম শ্রেষ্ঠ যা আলোক সম্পাতি, সেই আলোক শ্রেষ্ঠ যা প্রেমনিঃসৃত। এ যেন আবেগ ও মননকে একত্র করা, ফুল ও সৌরভকে যুক্ত করা।

শ্রী চিন্ময়কে তাঁর কবিতায় বৈষ্ণবভাবাশ্রিত মনে হয়, রবীন্দ্রভাবাশ্রিত মনে হয়। তিনি মনে করেন তাঁর সকল কাজ ও কবিতা-গান তখনই অর্থময় হয়ে ওঠে, যখন তারা পরম প্রভুর লীলার সঙ্গে যুক্ত হতে পারে ভাবে ও ব্যঞ্জনায়। প্রেমালোকের বাগান প্রথম পর্বের দ্বিতীয় কবিতায় শ্রী চিন্ময় বলেন।

আমি গাহি গান তুমি গাহো বলে
তুমি হাসো বলে হাসি।
বাঁশরি বাজাও হৃদয় গভীরে
তাইতো হয়েছি বাঁশি।
তুমি যে আমার, আমি যে তোমার,
এই মোর পরিচয়,
একধারে তুমি জনক-জননী,
চিন্ময়ী-চিন্ময়।

শ্রী চিন্ময় জানাচ্ছেন, আমি আর তুমি মিলে এক। আমি তোমার জন্যে আছি, তুমি আমার জন্যে আছ। আমি হাসি কারণ তুমি হাস, আমি গাই তুমি গাও বলে।

রবীন্দ্রনাথ তাঁর একটি কবিতায় লেখেন, তোমার ইচ্ছা করো হে পূর্ণ আমার জীবন মাঝে। কথা এক রকমই মনে হয়। পরম প্রভু তাঁর ইচ্ছে পূরণ করছেন শ্রী চিন্ময়ের জীবনের ভেতর দিয়ে। তিনি শ্রী চিন্ময়ের হৃদয়ে সদাজাগ্রত। এ কবির কথার কথা নয়। এ তাঁর তেমন করে জানা যেমন তিনি জানেন তিনি একটি আঙুল তুলতে পারেন, জিহ্বা নেড়ে কথা বলতে পারেন, কণ্ঠস্বরক্ষেপণ করে গান গাইতে পারেন। ১১ সংখ্যক কবিতায়

In one Form
You are my Mother and Father eternal,
And Consciousness-moon, Consciousness-sun
All-pervading.

The poem gives the feeling that I and You are one. I exist for You, and You exist for me. I laugh because You laugh; I sing because You sing.

In one of his poems Rabindranath Tagore writes, "You fulfill Your desire in my own life." The meaning is the same. The Supreme is fulfilling His Will in Sri Chinmoy's life. He is ever-present in his heart. It is not merely a statement. He feels it the way he feels he has a finger to raise, he has a tongue to speak, a voice to sing.

In poem number 11 in the same anthology, Sri Chinmoy writes:

In a sweet and melodious tune, You sing
In the core of my selfless adoration supreme.
You I see!
And I hear the ringing of Your ankle bells,
O Crown of Infinity's Height!
Your Song, Your Love,
Your Immortality's immortal Law
Will carry me, I know, I know,
To the shores of the Golden Beyond.

The poet listens to the Supreme sing, he listens to the rhythmic footwork of the dancing Lord. He believes the Lord's golden boat will sail him to his destined goal. Here again, Sri Chinmoy alludes to Tagore's *"sonar tari"*, golden boat.

শ্রী চিন্ময় বলেন :

সুরে, সুরে মধুর সুরে
আরাধনার হৃদয় পুরে
শুনি তোমার নূপুর ধ্বনি
হে অসীমের মুকুট মণি।
তোমার গীতি তোমার প্রীতি,
অমরতার অমর নীতি,
তোমার সোনার তরী খানি
নিয়ে যাবে আমায় জানি।

কবি শুনতে পান পরম প্রভু গান করেন, তালে তালে পা ফেলে নাচেন, তাঁর পায়ে বাঁধা নূপুরের শব্দ শোনা যায়। তাঁর প্রত্যয় হয় প্রভুর সোনার তরী তাঁকে বহন করে নিয়ে যাবে। এখানে শ্রী চিন্ময় রবীন্দ্রনাথের সোনার তরীর পূর্বোল্লেখ রচনা করেন। সংকলনের ২০ সংখ্যক কবিতায় শ্রী চিন্ময় বলেন :

তোমার হাসি ভালোবাসি।
তোমার আঘাত ভালোবাসি।
তোমার চরণ ভালোবাসি।
তোমার নয়ন ভালোবাসি।
আত্মা তোমার ভালোবাসি।
দেহ তোমার ভালোবাসি।
তোমার সকল ভালোবাসি।
প্রতিক্ষণে ভালোবাসি।
প্রভু তোমায় ভালোবাসি।
তুমি আমার পরিচয়ের বাঁশি।

কবি প্রভুর প্রেমে আত্মসমর্পণ করছেন। আমি-তুমি মিলনাবদ্ধ হচ্ছে। ভারতে মধ্যযুগ থেকে রোমান্টিক নব মিস্টিক সবাই প্রেম প্রার্থনা করছেন,

In the twentieth poem of the collection, Sri Chinmoy says:

Supreme,
Your Smile I love.
Your torture I love.
Your Feet I love.
Your Eyes I love.
Your Soul I love.
Your Body I love.
Everything that is You I love.
Every moment I love You.
O Lord Supreme, O Lord Supreme,
I love You, I love You.
You are the Flute of my existence.

The poet surrenders in love for the Lord. This is an example of I-You unity.

Poem number 22 offers an amazing text:

O my Boat, O my Boatman,
O message of Transcendental Delight,
  Carry me!
My heart is thirsty and hungry,
And it is fast asleep at the same time.
Carry my heart to the other shore.
The dance of death I see all around.
The thunder of destruction indomitable I hear.
O my Inner Pilot, You are mine.

প্রেমে মিলিত হতে চাইছেন, আমি-তুমি, তুমি-আমি এক হয়ে যাচ্ছে। ভারি সুন্দর টেক্স্ট ২২ সংখ্যক কবিতাটির:

ওরে মোর খেয়া, ওরে মোর নেয়ে
ওরে আনন্দ বাণী!
নিয়ে যাও মোর তৃষিত ক্ষুধিত
সুপ্ত চিত্তখানি।
মৃত্যু-নৃত্য হেরি চারিধার
ধ্বংস-অশনি হানে দুর্বার।
ওগো কান্ডারী তুমি যে আমার
চির-অসীমের কৃপা পারাবার।
তোমার মাঝারে হারাবো আমারে
জানি আজি আজি জানি।

এখানে ভিন্নতর অনুষঙ্গে ব্যবহৃত হচ্ছে রবীন্দ্রনাথ ঠাকুরের নৌকো ও মাঝির রূপকল্প। মাঝি হচ্ছেন অসীমের প্রতীক পরম প্রভু, নৌকো হচ্ছে সসীমের প্রতীক কবি স্বয়ং। মাঝি নৌকোকে বেয়ে নিয়ে যাবেন গন্তব্যে অর্থাৎ প্রভু ও ভক্তকে পৌঁছে দেবেন শান্তিধামে। কবিতায় যা বোঝা যাচ্ছে আমি কেবল তুমির সঙ্গে নয়, আমি একেবারে তুমির মধ্যে। ৩০ সংখ্যক কবিতায় দেখা যাচ্ছে কবি ও জীবনদেবতা গভীর লীলার মধ্যে রয়েছেন। ৩৩ সংখ্যক কবিতাটি বংশীধারী কৃষ্ণকে নিয়ে। কৃষ্ণের বংশীধ্বনি অনন্ত মহাজাগতিক সংগীতকে প্রতিধ্বনিত করে। তিনি বৈষ্ণবদের কৃষ্ণ নন, সর্বলোকের, সর্বমানবের বংশীবাদক, অনন্ত ব্রহ্মাণ্ড সংগীতের সঙ্গে সকলের প্রাণকে যুক্ত করছেন। তিনি শান্তিদাতা, আত্মার সংগীতে তিনি শান্তির আকুতি জাগিয়ে দেন। নিম্নে কবিতাটি উদ্ধৃত করা হলো:

শান্তি, শান্তি, হৃদয়ে শান্তি, পরাণে শান্তি রাজে।
চির মনোহর কানুর বাঁশির দ্যুলোকে ভূলোকে বাজে।
ঘোর দানবের হিংসার ছায়া

You are the Ocean of Compassion infinite.
In You I lose myself,
My all in You I lose.

Here again Rabindranath Tagore's favourite imagery of boat and boatman is expressed in a different way. But the spirit is the same, to want the Boatman, the Lord of life, to take charge of the boat, which is the poet himself, and lead it to the home of bliss. Here "I" is not only with "You", I is in You.

Poem number 33 is about Krishna: His flute symbolizing the perpetual cosmic melody. He is not the Krishna of the Vaishnavas alone, he is the universal flautist, the Musician of all time for all human beings. Krishna is the peace giver, offering peace through music of the soul. The text of the poem is as follows:

Peace, Peace,
Peace within my heart reigns supreme.
The soul-stirring flute of Lord Krishna
Is being played in my Heaven
And on my earth.
The destruction-shadows of dark demons
And the ignorance-delusion of sombre night
Lie long-buried in the depths
Of my body, mind, heart and life.
My aspiration-flames ever swim across
The expanse of Your Compassion-Waters.

In poem number 39, the Supreme, in consonance with the Indian tradition, is Mother. The poem may appear to

আন্ধার নিশার অজ্ঞান-মায়া
হারিয়ে ফেলেছি আমার এ তনু, মন, প্রাণ, অন্তরে।
আকুতি আমার তব কৃপা নীরে নিরবধি সাঁতারে।

৩৯ সংখ্যক কবিতায় পরমপ্রভুকে দেখা হচ্ছে মাতৃরূপে। ভারতের ঈশ্বরভাবনায় ঈশ্বরকে মাতৃরূপে বন্দনা করা হয়েছে। একমাত্র ভারতেই পরমেশ্বরের মাতৃরূপ দেখতে পাওয়া যায়। বাংলায় শক্তিমাতৃকাকে নিয়ে গীতসাহিত্যের বিপুল-ঐতিহ্য গড়ে উঠেছে। অনন্তকালীন মাতৃদেবী কালী বা শ্যামা অনন্তকালীন মাতৃদেবী দুর্গা বা উমা। এই মাতৃদেবীদের নিয়ে রচিত গানের মূলভাবটি ছিল মাতা-পুত্র সম্পর্কের ভাব। বাংলা গানের ধারায় এই মাতা-পুত্র ভাবটি বদ্ধমূল করেন কবি রামপ্রসাদ সেন ও কমলাকান্ত ভট্টাচার্য। শ্রী চিন্ময় মাতা-পুত্র ভাব রূপায়িত করে অনেক কবিতা-গান রচনা করেছেন এবং মাতা-পুত্র ভাবের সঙ্গে যিশুর মা মেরিকেও যুক্ত করেছেন। মাতৃভাবটি বিস্তারিত হয়েছে। পূর্ব ও পশ্চিম এসে মাতৃভাবে সম্মিলিত হয়েছে। এমন মা এর আগে দেখা দেন নি। কবিতাটি উদ্ধৃত করা হলো:

আর কতকাল কাঁদবো মাগো,
আর কতকাল কাঁদবো?
আন্ধার ঘরে একলা বসে,
তোমায় ভালোবাসব।
তুমি জানো গোপন কথা,
আমার হিয়ার ব্যাকুলতা।
নিত্য কেন কালো শমন
প্রাণে আমার করে দহন?
আর কর না দেরি মাগো, আর কর না দেরি।
তুমি আমার বিশ্ব মাতা, যিশুর যেমন মেরি।

শ্রী চিন্ময় সুন্দর ও সত্যের ধারণাকে প্রেম ও আলোক বা প্রেমালোকের ধারণার সঙ্গে মিলিত করেছেন। পরম হচ্ছেন সত্য, পরম হচ্ছে সুন্দর। পরম

some as part of the Mother-son tradition of the power-cult poetry of Bengal. The Eternal Mother is Kali and the eternal son is the poet, like Ramprasad Sen or Kamalakanta Bhattacharya. Yet the Mother is also Mary, the mother of Jesus. The East and the West unite in the Mother. What matters here is the lovely relation between the mother and the son. The text of the poem is as follows:

> How long more shall I cry, Mother?
> How long shall I cry
> In a dark room alone, loving You?
> You know my secret thoughts,
> You know my heart's eagerness.
> Why does dark death torture me every day?
> How long will You delay, Mother?
> How long will You delay?
> As Jesus had Mary,
> So are You my World-Mother.

The concepts of Beauty and Truth were also assimilated with the idea of Love-Light. The Supreme is Truth, the Supreme is Beauty, the Supreme is Good. The Supreme is the totality of Principles. We can have a glimpse of the cosmic totality only when we look at our life on earth under the love-light. I should again say there was love and there was light. Sri Chinmoy coined the term love-light. I would quote poem number 40 in English translation to focus on how the "I" on earth aspires to join the "You" as Beauty transcendental:

হচ্ছেন সকল বোধের সমাহার। আমরা সর্বব্যাপী পরমকে তখনই উপলব্ধি করতে পারি, যখন জীবন ও জগতের প্রতি প্রেমালোকের আলোকে তাকাই ও তেমনভাবে তাকে জানি। আমি আবার বলি, প্রেম ছিল, আলোক ছিল, শ্রী চিন্ময় এদের একত্রে মিলিয়ে প্রেমালোক করলেন। প্রেম ও আলো মিলে এক হয়ে গেল। উজ্জ্বল ভালোবাসা বা ভালোবাসার উজ্জ্বলতা। পৃথিবীর মানুষ-ফুলের বাগানকে তিনি প্রেমের আলোয় উদ্ভাসিত করে তুলেছেন। ৪০ সংখ্যক কবিতাটিতে দেখতে পাই জগতের আমি জগতোত্তর তুমির সঙ্গে মিলতে চাইছে। শুধুই মিলন, বিচ্ছেদ নয়। সব আকাঙ্ক্ষার শেষ আকাঙ্ক্ষা মিলন। যে পথেই হোক, যে শাস্ত্রেই হোক। শ্রী চিন্ময় মিলন প্রার্থী:

তুমি সুন্দর পুরুষোত্তম।
আমি যে তোমার দাস।
তোমার বিজয়ে আমার বিজয়।
অনন্ত উল্লাস।
তোমারে জানিতে অসীম যাতনা
লভেছে এ প্রাণ জানি।
তাই আমি হায় অভিমান বাণ
তোমার বক্ষে হানি।
ভ্রান্তি মুক্ত, চিন্তা লুপ্ত,
নাহি কোন অভিলাষ।
ওগো অপরূপ আমি যে তোমার
অমিয় করুণা দাস।

প্রেমালোকের কাননে দ্বিতীয় অংশের প্রথম কবিতাটি একটি অসামান্য সান্ধ্যচিত্রকে উপস্থাপিত করে। তরুণ প্রভু কৃষ্ণ রাখালরূপে গরুগুলোকে বাড়ি নিয়ে আসছেন। তিনি বাঁশি বাজাচ্ছেন, নৃত্যছন্দে পায়ে বাজছে নূপুর। রাধাভাবে ভাবিত হয়ে কবি চেয়ে আছেন অগ্রবর্তী সঞ্চরণশীল গরুর পালের দিকে, যদিই পশ্চাৎবর্তী রাখাল-কৃষ্ণের দেখা পাওয়া যায়। বৈষ্ণব কবিতার পূর্বোল্লেখিত রচিত এই কবিতাটি চমৎকার মনে হয়:

You are beautiful, O Being Absolute,
I am Your slave.
In Your Victory is my victory,
My endless rapture.
My heart has suffered infinite pangs to know You.
Therefore I hurl the arrows of my sulk-venom
  at Your Heart.
Freed from errors, thought abolished,
No desire have I now.
O Beauty Transcendental,
I am the slave of Your Nectar-Compassion.

The first poem in *The Garden of Love-Light, Part II* presents a beautiful evening-image. The young Lord Krishna is driving home his cows. Krishna blows his flute and rings his anklets in rhythmic stepping. The poet, like Radha, looks at the forward moving leader of the herd and longs for his glimpse. The poem includes wonderful Vaishnava lyrical allusions. The text reads as follows:

There goes my Beloved, my sweet Lord,
  the anklets ringing on His Feet.
I hear the music of His Flute
  vibrating through the horizons.
If ever my cowherd boy should cast a glance
  behind Him, still He only goes forward.
Let my eyes follow the track
  my Beloved treads.
In the twilight hour of the day,

ও বুঝি কানু যায়
নূপুর দিয়ে পায়
শুনি চরণ ধ্বনি,
দূরে উঠিছে রনি
যদি ফিরে তাকায়
রাখাল শুধু যায়।
ও বুঝি কানু যায়,
নয়ন যেন ধায়
যে পথে কানু রায়,
গোধূলি বেলা শেষে
মধুর হাসি হেসে,
গোধন নিয়ে যায়।

প্রেমালোকের কাননে কবিতা সংকলনের এই অংশে এই চিন্ময় বহুবার পরম প্রভুকে মা রূপে সম্বোধন করেছেন। বাংলা কবিতায়-গানে যেমন প্রভু আছেন শ্যামা বা দুর্গা মা রূপে। মা মুক্তিদাত্রী। কিন্তু কবি নিজের জন্যে মুক্তি প্রার্থনা করছেন না, তিনি সকল মানুষের মুক্তি চান। জনগণের কবি বা জনগণের যোগীর প্রার্থনা এমনি সর্বজনীন হওয়াই স্বাভাবিক। আসুন আমরা 'একলা আমি তোমার কাছে' কবিতাটি পাঠ করি:

একলা আমি তোমার কাছে
যাবো না মা যাবো না।
একলা আমি তোমার কভু
বাঁধন না মা বাঁধব না।
তোমার হিয়ার মৌণ ভাষা,
এই ধরণীর দীপ্ত আশা।
তোমার প্রাণের প্রেমের ধারা,
মোদের লাগি বান্ধন হারা,
একলা আমি তোমার কাছে

with a sweet and serene smile,
Leading the herds of varied light,
My cowherd boy goes.

In *The Garden of Love-Light, Part II,* Sri Chinmoy often addresses the Supreme as the Mother, who as Shyama or Kali, Uma or Durga is glorified in hundreds of ballads and thousands of poems and songs in Bengali. The Mother is the salvation giver. But Sri Chinmoy does not pray for his own mukti or salvation, he prays for the salvation of mankind. This is what only a people's poet and people's yogi could do. Let us read *"Ekla ami tomar kachhe jabona ma jabona"* in English translation:

Alone I shall not go to You, Mother, I shall not go.
Alone I shall not bind You, I shall not bind You.
Your Heart's silence-language
and the illumined hope of this world,
And Your Heart's nectar-flow
Are always boundless for us.
Alone I shall not go to You, Mother, I shall not go.
With all I shall get You:
This is my life's only aspiration, only meditation,
only Goal.

The next poem *"Amar parane tomar bhabana",* which begins "Your thoughts divine are in my heart" is a warm outcome of the closest I-You relationship. This is the ideal of the I-You narrative, I into You and You into I. They are inseparably one. The poem is:

Your Thoughts divine are in my heart.
In Your Heart, my pangs and my sufferings.

যাবো না মা যাবো না।
সবার সাথে তোমায় পাবো
এই শুধু মোর সাধনা।

'আমার পরাণে তোমার ভাবনা' কবিতাটিও অতি নিবিড় আমি-তুমি সম্পর্ক ভাবনার পরিণাম। আমি-তুমি সম্পর্কের পরিণতি দেখতে পাওয়া যাচ্ছে এই রচনায়। আমার মধ্যে তুমি, তোমার মধ্যে আমি, কেউ কাউকে ছাড়া নয়:

আমার পরাণে তোমার ভাবনা।
তোমার পরাণে আমার যাতনা
আমার জীবন তোমার স্বপন।
তোমার জীবনে আমার শাসন।
আমি যে তোমার করুণা বিন্দু।
ওগো অসীমের অমিয় সিন্ধু,
এসো, এসো মোর আঁধিয়ার ঘরে,
বাঁধো মোর আজি মুক্তির ডোরে।

প্রেমালোকের কাননে দ্বিতীয় অংশ থেকে সর্বশেষ যে কবিতাটির উদ্ধৃতি করছি সে "জীবনের ভোরে চেয়েছি তোমারে":

জীবনের ভোরে চেয়েছি তোমারে।
মরণের সাঁঝে পেয়েছি।
অন্তর ভেলা, আলো পারাবারে,
সকল যাতনা ভুলেছি।
কল্পনা নয়, শুধু বাস্তব
শান্ত হৃদয়ে নেই কলরব
ক্ষুদ্র পরাণে মহতের লীলা
দেখিবারে আমি চেয়েছি।

In my life is Your Dream.
In Your Life I am the constant torture.
I am the tiniest drop of Your Compassion.
O Nectar-Ocean of Infinity,
Come, come into my dark room
And bind me with Your cord of Liberation.

The last poem to quote from *The Garden of Love-Light, Part II, "Jibaner bhore cheyechhi tomare maraner sanjhe peyechhi"*, reads:

I sought You at the dawn of my life.
I achieve You in the evening of my life.
And now that the ferryboat of my heart
  is in the Ocean of Light,
I have forgotten all my pangs.
This is no imagination of mine;
  it is all reality.
Tranquil is my heart;
  no clamour.
In this tiny life
The Cosmic Game of the Infinite Vast
  I wanted to see.
I do not know how I have obtained
  the Flute of Light
That is transforming my whole life.

The poet speaks about how he sought the Supreme as the "You" at the dawn of his life and how he got Him at the journey's end. He also says how the union with the Supreme transforms him and generates in his soul the music of the flute, Krishna's flute, we could easily say. Light emanates from Love, Love also comes from the

রূপান্তরের আলোর বাঁশরি
না জানি কেমনে পেয়েছি।

কবি বলছেন জীবনে প্রথম থেকে আমি হিসেবে তিনি কীভাবে তুমি পরমের সন্ধানে রয়েছেন। আবার কীভাবে পরম-তুমিকে তিনি জীবনযাত্রার শেষে এসে পেয়েও গেলেন। পরমের সঙ্গে মিলন কবিকে সমাহিত করে, সকল উদ্বেগের অবসান ঘটে, তাঁর প্রাণে জাগে বংশীধ্বনি, কৃষ্ণের বাঁশি, তেমন আমরা বলতেই পারি। প্রেম থেকে নিসৃত হয় আলো, বংশীধ্বনি নির্মাণ করে প্রেম। পরমপ্রেমময় কৃষ্ণ, রাধারূপ প্রকৃতিকে মুগ্ধ করেন বাঁশির সুরে। প্রেমালোক ও সুরালোক একাকার হয়ে যায়। কবিতায় বোঝা যাচ্ছে যে, প্রেমালোক ও সংগীতালোকের সম্মিলন ক্ষুদ্রকে বৃহৎ করে তোলে, সীমাবদ্ধ অসীম হয়ে দাঁড়ায়। সীমার অসীমাকাঙ্ক্ষা পরিপূর্ণ হয়।

প্রেমালোকের কাননে তৃতীয় অংশেও পূর্ববর্তী অংশ দুটি'র মূলভাবনা সমূহেরই প্রতিধ্বনি দেখতে পাওয়া যায়। সীমা-অসীমের সম্পর্ক ও তাদের পরস্পর নৈকট্য, ব্যক্তির জীবনে, কবির জীবনে পরমের ইচ্ছার রূপায়ণ প্রভৃতি কাব্যের এই অংশেরও বক্তব্য বিষয়। তেমন মিস্টিক্যাল এর প্রকাশকাল। কবিতা পড়তে পড়তে যখন অগ্রসর হই, দেখতে পাই যে, শ্রী চিন্ময় এখানে এসে পরমকে মা বলে সম্বোধন করতেই বেশি পছন্দ করছেন। মনে হচ্ছে আধ্যাত্মিক সংগ্রাম ও সাধনার ভেতর দিয়ে কবি অগ্রসর হচ্ছেন, আত্মোৎকর্ষের পথটা খুব সহজ মনে হচ্ছেনা, কবি বার বার মাতৃরূপী পরমকে স্মরণ করছেন, তিনি যেন অধ্যাত্মসাধনার পথের সকল কন্টক দূর করেন। সে মায়ের কৃপা প্রার্থনার ঐতিহ্যসংগত ভারতীয় ধারা। নিম্নে উদ্ধৃত কবিতায় মাতৃশরণাগতির আকাঙ্ক্ষাটি ধরা পড়ছে:

জীবন সমরে অকুল পরাণে, কত শতবার ডেকেছি।
দরশন তব পাই নাই কভু, বৃথা শুধু মাগো কেঁদেছি।
অশেষ যাতনা, অশেষ বেদনা, সহিবারে দাও শকতি।
তুমি না জানালে স্বরূপ তোমার কেমনে জানাবো ভকতি।

flute-melody. Krishna is the Eternal Lover, he enthralls the creation epitomized by Radha into love. Love-light and music-light in this sense mean the same thing. This poem suggests that love or love-light or music-light transforms the small into the big, the limited into the unlimited. The finite's aspiration for union with the infinite is fulfilled.

The Garden of Love-Light, Part III portrays the continuation of the core ideas of the earlier two parts: the finite-infinite relationship and the fulfillment of the divine will in the life of the individual. The same mystical tone continues. As I read the poems I feel that Sri Chinmoy is all the more fond of calling upon the Supreme as Mother. He progresses through the spiritual struggle for self-development and invokes the Supreme as Mother to help him clear all the hurdles in the path ahead. This is the traditional Indian way of seeking refuge in God's motherly affection. It is evident in the following poem:

> In the battlefield of life I have invoked You
> With an eager heart hundreds of times,
>   yet I have not seen You even once.
> In vain I have been crying, Mother.
> Give me the strength to bear endless sorrows
>   and endless pangs.
> If You do not show me Your Soul-Form,
>   how can I offer You my heart's devotion?

Sri Chinmoy also listens to the 'nectar-notes of your

শ্রী চিন্ময় প্রাণের গভীরে 'তোমার বাঁশির অমৃতস্বর' শুনতে পান। চিরকালের বংশীধারী কবির অন্তরে মুক্তিদাতা হিসেবে আসন গ্রহণ করেন:

কত শতবার বেজেছে পরাণে মধুময় তব বাঁশি।
তবুও জাগেনি সুপ্ত পরাণ, আন্ধার গভীরে রয়েছে শয়ন।
মোর অভিমান বোঝে না চাহে না, অসীমের তব হাসি।
বেদনা যাতনা পেয়েছি অশেষ, পেয়েছি দুখের মালা।
দ্যুলোকের আলো মোর কাছে কালো,
সমস্যা সে যে ভালো অতি ভালো।
চাহিবার যাহা নাহি চাহি কভু, শুধু করি অবহেলা।

কিন্তু এখানেও আছেন মা কালী। কিন্তু তাঁর হাতে রয়েছে কৃষ্ণের বাঁশি। বলা হচ্ছে যে শুধু শক্তিবাদ যথেষ্ট নয় আর্তকে শান্তিদেবার পক্ষে, শক্তিবাদকেও প্রেমবাদের সঙ্গে মিলিত হতে হবে। কী আশ্চর্য। কৃষ্ণকালী হয়ে যান, কালী হয়ে ওঠেন কৃষ্ণ। ভারতীয় ধারণার গলনপাত্রের চেহারাটি স্পষ্ট হয়ে ওঠে। কোনো কিছুই পৃথক পৃথক নয়। মিলেমিশে সবই এক পাত্রে ধারণ করা আছে। শক্তি ও প্রেম গলনপাত্রে এসে প্রেমরূপ ধরে। প্রেমই চূড়ান্ত কথা। চূড়ান্ত বংশীধ্বনি তুলছেন কৃষ্ণ, তবে উগ্রবাদের বিরুদ্ধে মাতৃদেবীর সংগ্রামকে তিনি অবহেলা করছেন না।

শ্রী চিন্ময় প্রেমালোকের কাননে কাব্যগ্রন্থটিকে তিন ভাগে ভাগ করেছেন। তিন ভাগে কেন? এমন একটি প্রশ্ন দেখা দিল আমার মনে। উত্তর পেলাম নিজেই। তিন ভারতীয় চিন্তা পদ্ধতিতে একটি আশ্চর্য সংখ্যা। এককে তিন ভাগে ভাগ করা হয়েছে অনেক গুরুত্বপূর্ণ প্রশ্নে। ব্যাপারটা এমন যে একের মধ্যে তিন, তিনের মধ্যে এক। ঈশ্বর এক, তিনি নিজেকে তিন ভাগে ভাগ করলেন : ব্রহ্মা-বিষ্ণু-মহেশ্বর। সত্য এক। ভাগ করা হল তিনে : সত্য-শিব-সুন্দর। গুণ এক, ভাগ করা হলো তিনে: সত্ত্ব-রজ-তম। কাল এক, ভাগ করা হলো তিনে: অতীত-বর্তমান-ভবিষ্যৎ। লোক এক, ভাগ করা হলো তিনে: স্বর্গ-মর্ত্য-পাতাল। তেমনি কানন এক, আবার কাননে তিন। এক কানন তিন

flute' in his heart's depth. Here is Krishna, the eternal flautist, the saviour of the poet:

> How many hundreds of times in my heart's depths
> Have I heard the nectar-notes of Your Flute!
> Yet my heart is lying fast asleep
>   in the abyss of darkness.
> My sulking does not understand or want
>   the Smile of Your Infinity.
> Sufferings and pangs endlessly I have endured.
> I have received the garland of sorrow.
> The Light of Heaven is darkness to me.
> Problems are good, very good.
> Whatever I need to ask for, I ask not.
> I just while away my time.

But here again is the Mother Divine, Kali, with Krishna's flute in her hand. Power-cult is not enough to ensure peace to the miserable, it has to go hand-in-hand with the cult of love. Krishna becomes Mother and Mother becomes Krishna. Sri Chinmoy gives an amazing overview of Indian philosophy's melting pot. Power and love melt into love last of all. Krishna as a flautist blows the ultimate note but never ignores the Mother's war against terror.

Sri Chinmoy divided his *Garden of Love-Light* poems into three parts. Three is the most mystical number in Indian narratives. God splits Himself into Brahma, Vishnu and Maheshwar, Creator, Preserver and Destroyer. Qualities are three, like *Sattva, Raja* and *Tama*. *Kala,* or time, is three: *Atit, Vartamana* and *Bharishyat,* the past,

তিন কাননে এক কানন। প্রেমের আলো যখন পড়ে। শুধু বাগানের কোনো গৌরব নেই। শুধু প্রেমের গৌরব নেই। গৌরব প্রেমালোকের।

তিন ভাগে বিভক্ত প্রেমালোকের কানন কাব্যে কবিতার সংখ্যা ১৪০ টি। সবই ১৯৭০-এর দশকের প্রথমদিকে লেখা, কয়েকটি কবিতা আরো আগের। তখন শ্রী চিন্ময় তরুণ কবি। কবিতা লিখছেন, গান গাইছেন, গান শিখছেন, সুর করছেন, যোগ করছেন, মেডিটেশনে ব্যাপৃত আছেন। নিজেকে সযত্নে প্রস্তুত করছেন সেই লক্ষ্যে, যে লক্ষ্যে উপনীত হওয়ার জন্যে তিনি জন্মেছিলেন। তাঁর তরুণ বয়সে রচিত কবিতাসমূহও তাঁকে জগতের শ্রেষ্ঠ মিস্টিক কবিদের পংক্তিতে বসার আসন করে দেয়। যদি প্রেম দ্বারা আমরা হৃদয় বুঝি, আলো দ্বারা বুঝি মস্তিষ্ক, তাহলে স্পষ্ট বুঝতে পারি যে, শ্রী চিন্ময় আবেগ ও ধীশক্তির মূল্য দিচ্ছেন একসঙ্গে এবং তাদের যুক্ত করতে চাইছেন, যেন তাদের দ্বারা রচিত যৌগ অশেষ মূল্যবান হয়ে ওঠে। একজন আধুনিক মিস্টিক হিসেবে তিনি মাটি ও আকাশের দাবিকে মিলিয়ে নিয়ে স্বীকার করছেন। মনে হয় যেন একজন বৈদান্তিক ও একজন বৈষ্ণব মিলেমিশে এক যৌগ-মানব গড়ে তুলেছেন।

শ্রী চিন্ময় প্রেম ও আলোকে হাইফেনবদ্ধ করেছেন। একজন তরুণ কবি হিসেবেও শ্রী চিন্ময় জেনেছিলেন বৈচিত্র্যকে ঐক্যে পৌছাতে হলে হাইফেনবদ্ধ করা ছাড়া উপায় নেই। এর দ্বারা একের মধ্যে অনেক, অনেকের মধ্যে এক রচনা করা সম্ভব। মাতা ও পিতারূপে পরমপ্রভুকে পৃথক পৃথক মনে হচ্ছে। কিন্তু কালী হয়ে যাচ্ছেন কৃষ্ণ, কৃষ্ণ হয়ে যাচ্ছেন কালী। আবার মেরি হয়ে যাচ্ছেন জগৎমাতা। কী দুর্দান্ত হাইফেনেশন। সবই এক, একই সব।

শ্রী চিন্ময়কে বর্তমানে মানুষের শ্রেষ্ঠ আধ্যাত্মিক শিক্ষক মনে করা হয়। সর্বোচ্চ পর্যায়ের যোগী হিসেবে তাঁর স্থান। যেসব মানুষ বিশ্বাস করেন যে, শান্তি সংস্থাপন ব্যতীত মানুষের জীবনযাপনকে নিরাপদ ও গৌরবজনক করা যাবেনা, তাঁরা শ্রী চিন্ময়ের কবিতা-গান-প্রবন্ধ-ভাষণাদি থেকে অশেষ প্রেরণা লাভ করেন। যোগশক্তি বলে তিনি তাঁর মানসিক ও শারীরিক ক্ষমতাকে এমন প্রাচুর্যের সঙ্গে ব্যবহার করতে পারতেন যে, মনে হয় তিনি অলৌকিক শক্তির অধিকারী পুরুষ। তবে মিরাক্যাল ম্যান বা অলৌকিক শক্তিধর মানব

present and future. Bhuban or the sphere has three parts: *Swarga, Martya* and *Patal,* Heaven, Earth and the Underworld. Hence the garden is one, and again the garden is three, under the light of love.

The Garden of Love-Light in three parts includes 140 poems, all originally written in Bengali and translated into English by the author himself in the early 1970s. Sri Chinmoy was a young man, carefully grooming himself to undertake the greater responsibility for which he was destined. Even his youthful writings establish his place among the great mystics of all ages. If by love we mean heart and by light we mean head, we clearly see that Sri Chinmoy recognizes the role of emotion and intellect. As a modern mystic he accepts the claim of the earth and that of the sky at the same time. It is as if a Vedantist and a Vaishnava exist together in a mystical oneness-game.

Sri Chinmoy has hyphenated love and light. A young poet of forty years of age strongly felt that there was no escape from hyphenating all the diversities into a unity and playing the one-in-many and many-in-one game. The Supreme as Mother and Father appear different, but at the end of the day Kali becomes a flautist and Mary looks like the Indian Mother Divine.

Sri Chinmoy is regarded today as mankind's great spiritual teacher. He is also looked upon as a Yogi of the highest order. People who believe that achieving Peace is the only way to ensure and enhance the continuation of human existence derive immense inspiration from his writings and addresses. His great Yogic power enabled him to express his mental and physical capabilities in

হিসেবে আখ্যায়িত হতে তিনি চাননি। তিনি চাইতেন মানুষ তাঁকে স্মরণ করুক তাঁর কবিতায়-গানে-ভাষণে-প্রবন্ধে-চিত্রকলায় ও তাঁর আত্মপ্রকাশের নানা মাধ্যমে। 'প্রেমালোকের কানন' কাব্য সংকলন দিয়ে শ্রী চিন্ময় জীবনপথে হাঁটতে শুরু করেছিলেন। চার দশক পথভ্রমণ করে তিনি এসে উপনীত হয়েছিলেন শান্তির বাতিঘরে। আজ তিনি স্বয়ং বাতিঘর, মানুষের শ্রেষ্ঠ ভরসার শান্তি-বাতিঘর।

করুণাময় গোস্বামী পিএই.ডি
ক্যামব্রিয়ান সেন্টার ফর ইন্টারনেশনল স্টাডিজ
গুলশান, ঢাকা, বাংলাদেশ।

করুণাময় গোস্বামী ১৯৪৩ সালের ১১ মার্চ ময়মনসিংহ জেলার গোঁসাই চান্দুরা গ্রামে জন্মগ্রহণ করেন। পিতা-রাস বিহারী গোস্বামী, মাতা-জ্যোৎস্না রাণী গোস্বামী। তিনি ১৯৬৪ সালে ঢাকা বিশ্ববিদ্যালয় থেকে ইংরেজিতে এম.এ পাস করেন ও এই বিশ্ববিদ্যালয় থেকেই পরবর্তীতে 'বাংলা কাব্যগীতির ধারায় কাজী নজরুল ইসলামের স্থান' অভিসন্দর্ভের জন্য পিএইচ.ডি ডিগ্রী লাভ করেন।

করুণাময় গোস্বামী শিক্ষাবিদ, গবেষক, প্রাবন্ধিক, অনুবাদক, সম্পাদক, সংকলক ও কলাম লেখক। দেশে এবং দেশের বাইরে সংগীত বিষয়ে অতি উল্লেখযোগ্য কাজের জন্যে তিনি পরিচিত হলেও সাহিত্য সমালোচক ও অনুবাদক হিসেবেও করুণাময় গোস্বামীর অবদান অত্যন্ত উল্লেখযোগ্য। তাঁর লেখা বিশ্ব সংগীতের অভিধান 'সংগীত কোষ' বাংলা একাডেমী থেকে ১৯৮৫ সালে প্রথম প্রকাশিত হয়। করুণাময় গোস্বামী বাংলাদেশের জাতীয় কবি কাজী নজরুল ইসলামের জীবন সাহিত্য ও সংগীত কর্ম নিয়ে অনেক গুরুত্বপূর্ণ কাজ করেছেন।

বাংলাদেশে রবীন্দ্রনাথ বিষয়ে তিনি সর্বোচ্চ সংখ্যক গ্রন্থ প্রণেতা। রবীন্দ্র সংগীত বিষয়ে করুণাময় গোস্বামীর মতামতকে অত্যন্ত সুচিন্তিত ও অন্তর্দৃষ্টি সম্পন্ন বলে বিবেচনা করা হয়। রবীন্দ্রনাথের সার্ধশত জন্মবর্ষে HSBC Bangladesh প্রকাশিত করুণাময় গোস্বামী প্রণীত The Art of Tagore Songs গ্রন্থটিকে এই উপলক্ষে প্রকাশিত সর্বাপেক্ষা গুরুত্বপূর্ণ গ্রন্থ হিসেবে বিবেচনা করা হয়। করুণাময় গোস্বামী বাংলা ভাষায় আফ্রিকার কবিতা ও গল্পের পথিকৃৎ অনুবাদক। 'ভারতীয় সংস্কৃতিতে ইসলামের প্রভাব' তাঁর অত্যন্ত গুরুত্বপূর্ণ একটি অনুবাদগ্রন্থ।

রুণাময় গোস্বামী নজরুল ইনস্টিটিউট ট্রাস্টি বোর্ডের প্রাক্তন সদস্য। জাতীয় বিশ্ববিদ্যালয়ে ও রাজশাহী বিশ্ববিদ্যালয় একাডেমিক কাউন্সিলের তিনি প্রাক্তন সদস্য। সাহিত্য ও সংগীত গবেষণায় বিশিষ্ট অবদানের জন্য করুণাময় গোস্বামী দেশে ও বিদেশে বহু সম্মাননায় ভূষিত হয়েছেন। ১৯৮৭ সালে তিনি নজরুল সংগীত গবেষণার জন্য নজরুল ইন্সষ্টিটিউট, ঢাকা থেকে নজরুল স্মৃতি স্বর্ণপদক ও পুরস্কার লাভ করেন। ১৯৯৯ সালে উত্তর আমেরিকা নজরুল সম্মেলন কর্তৃক নিউইয়র্কে আয়োজিত নজরুল জন্ম শতবর্ষ উদ্‌যাপনী অনুষ্ঠানে তাঁকে নজরুল সম্মাননায় ভূষিত করা হয়। গবেষণার ক্ষেত্রে জীবনব্যাপী অবদানের জন্য তিনি ২০০৮ সালে বাংলা একাডেমী পুরস্কার লাভ করেন। জীবনব্যাপী নজরুল গবেষণার জন্য ২০১২

amazingly diverse and seemingly miraculous ways, although he himself did not wish to be regarded as a miracle man. Sri Chinmoy perhaps would have loved to be remembered for his meditation lessons, his observations on peace and the poems and songs he composed. Sri Chinmoy began his great spiritual journey with the poems of *The Garden of Love-Light,* which led him over the course of four decades of travelling to the Lighthouse of Peace. Today he stands out as the Lighthouse himself, humanity's great Peace-Lighthouse.

Karunamaya Goswami, Ph.D.
Cambrian Center for International Studies
Gulshan, Dhaka, Bangladesh

KARUNAMAYA GOSWAMI, son of Rashbihari Goswami, was born on 11 March 1943 in Gosain Chandura, a village in the district of Mymensingh, Bangladesh. He received an M.A. in English and his Ph.D. in Music from Dhaka University. He rose to the rank of Professor of English and retired as Principal from the General Education Service. He now works as Principal, Cambrian College, Gulshan-2, Dhaka.

Dr. Goswami is an eminent educator, researcher, essayist, musicologist, translator, editor and compiler. Although he is best known at home and abroad for his insightful writings on music, his contribution as a literary critic and translator is also very commendable. Karunamaya contributed the article on the evolution of Bengali Songs in the *Garland Enyclopedia of Music,* New York, 1999, and an entry on the same subject to *Grove Dictionary of Music and Musicians,* second edition, London, 2000. He planned,

সালে করুণাময় গোস্বামীকে জাতীয় কবি নজরুল ইসলাম বিশ্ববিদ্যালয় থেকে নজরুল সম্মাননা প্রদান করা হয়। শিল্পকলা বিষয়ক গবেষণায় অতীব উল্লেখযোগ্য অবদানের জন্য বাংলাদেশ সরকারের পক্ষ থেকে ২০১২ সালে তাঁকে একুশে পদকে ভূষিত করা হয়। রবীন্দ্রসাহিত্য ও সংগীত গবেষণায় জীবনব্যাপী অবদানের জন্য ২০১৩ সালে বাংলা একাডেমী, ঢাকা থেকে করুণাময় গোস্বামীকে রবীন্দ্র পুরস্কার প্রদান করা হয়। করুণাময় গোস্বামীই বাংলাদেশে বা বাংলাদেশের বাইরে একমাত্র ব্যক্তি যিনি রবীন্দ্রনাথ ও নজরুল উভয় সম্পর্কে গবেষণামূলক কাজের জন্যে সর্বোচ্চ জাতীয় পুরস্কার পেয়েছেন। নিম্নে তাঁর রচিত পঞ্জি উপস্থাপিত করা হলো :

গবেষণামূলক

রবীন্দ্রনাথ হান্টিংটন ও ভারতভাগ ২০১৫, History of Bengali Songs 2015, বাংলা গানের বর্তমান ও আরো ২০১৫, সংগীতকোষ ১৯৮৫, ২০০৪, ২০১৩, বাংলাগানের বিবর্তন ১৯৯৩, ২০১১, রবীন্দ্রসংগীতকলা ১ম ও ২য় খন্ড-২০১৩, রবীন্দ্রনাথ : গান রচনার ইতিহাস ২০১১, রবীন্দ্রনাথের গায়কখ্যাতি ২০১১, The Art of Tagore Songs 2011, রবীন্দ্র সংগীত প্রসঙ্গ ১৯৯৬, ২০১২, রবীন্দ্র নাট্য সংগীত ২০০৯, রবীন্দ্র সংগীত পরিক্রমা ১৯৯৩, ২০১১, রবীন্দ্রনাথের প্যালেস্টাইন ভাবনা ও অন্যান্য ২০০৬, বাংলা কাব্যগীতির ধারায় কাজী নজরুল ইসলামের স্থান ১৯৯০, ২০১১, নজরুল সংগীতের জনপ্রিয়তার স্বরূপ সন্ধান ১৯৯৩, ২০১১, নজরুল সংগীত প্রসঙ্গ ১৯৭৮, ১৯৯৬, Introducing Kazi Nazrul Islam 1999, Kazi Nazrul Islam : A Biography 1996, 2007, Aspects of Nazrul Songs 1990, বোদলেয়ার পাউন্ড ও এলিয়ট ২০০৫, বুদ্ধদেব বসুর কাব্যনাট্য ১৯৮৫

উপন্যাস : ভারতভাগের অশ্রুকণা ২০১৫, ***সম্পাদনা ও সংকলন :*** বাংলা গানের স্বরলিপি ইতিহাস ২০০৮, আব্দুল আহাদ স্মারকগ্রন্থ ২০০৪, বাংলা সংস্কৃতির শতবর্ষ ১৯৯৪, **সম্পাদনা ও সংকলন : অডিও :** History of Bengali Music in Sound 1985, Splendours of Old Bengali Songs 1987, ***অনুবাদ :*** ভারতীয় সংস্কৃতিতে ইসলামের প্রভাব ১৯৮২, ১৯৮৮, ১৯৯৬, আফ্রিকার গল্প ১৯৭৫, ১৯৮৫, ২০০৪, আফ্রিকার কবিতা ১৯৭৬, ২০০৭

compiled and edited South Asia's pioneering audio history of songs in 1995. Published from Dhaka, it was named *History of Bengali Music in Sound*. *Sangeet Kosh,* a dictionary of world music written by Dr. Goswami and published by the Bangla Academy, Dhaka, is also a pioneering work of this kind in the entire South Asia region.

Karunamaya's scholarly writings on Rabindranath Tagore and Kazi Nazrul Islam, Bangladesh's national poet, stand very highly valued. His *The Art of Tagore Songs,* published by Shahitya Prakash in 2011, is a major work covering various aspects of Tagore's songs and arts. He is the pioneer translator of African stories and poems into the Bengali language, and he has written and edited more than three dozen books on Bengali music, Rabindranath Tagore, Kazi Nazrul Islam and other topics.

Some of his important works include *Sangeet Kosh* (Dictionary of World Music); *Evolution of Bengali Music; Bangla Ganer Vivartan, Vol. 1* (Evolution of Bengali Songs Vol 1); *Rabindra Sangeet Parikrama* (Essays on Tagore Songs); *Rabindranather Palestine Bhabna O Anyanya* (Tagore on the Palestine Problem and other Essays); *Rabindra Natya Sangeet* (Tagore Songs of Drama); *Rabindranather Gayak Khyati* (Tagore's Renown as a Singer); Kazi Nazrul Islam: A Biography; Introducing Kazi Nazrul Islam; Aspects of Nazrul Songs; *Bangla Kavya Geetir Dharay Kazi Nazrul Islamer Sthan* (Kazi Nazrul Islam's Place in the History of Bengali Art Songs); *Afrikar Galpa* (Stories from Africa); *Afrikar Kavita* (Poems from Africa); *Prasanga Bangla Gan* (Essays on Bengali Songs).

Karunamaya Goswami received the Bangla Academy Award in 2008, the Ekushe Padak in 2012, and the Tagore Award in 2013. He received the Nazrul Award in 1987. He is the only scholar in Bangladesh and outside to have received the highest national awards for research and publications on both Tagore and Nazrul. Karunamaya Goswami is married, and has a son and a daughter and two granddaughters. His wife, Sipra Rani Debi, is an Assistant Professor of Philosophy.

The Garden of Love-Light

PART I

প্রেমালোকের কানন

অধ্যায় ১

অসীম পরাণ, অনাদি মহান
প্রণমী তোমায় বারেবার।
এ জীবন তব কণকোজ্জ্বল হলধর।
লীলা অন্তিমে তব স্বপনের মণিহার।
অসীম পরাণ, অনাদি মহান
প্রণমী তোমায় বারেবার।

আমি যে তোমার কৃপা লেলিহান।
মোর ধরা তব পদআভা,
প্রাণ মোর তব দিথির পতাকা মনলোভা।
হে মহাজীবন ধ্রুব সনাতন জগশোভা।
অসীম পরাণ, অনাদি মহান
প্রণমী তোমায় বারেবার।

Ăsim părān, ănādi măhān
Prănămi tomāi bārebār
E jibăn tăbă kănăkojjwăl hălădhăr
Lilā ăntime tăbă swăpăner mănihār
Ăsim părān, ănādi măhān
Prănămi tomāi bārebār

Āmi je tomār kripā lelihān
Mor dhărā tăbă pădă ābhā
Prān mor tăbă dithir pătākā mănă lobhā
He măhājibăn dhrubă sănātăn jăgă shobhā
Ăsim părān, ănādi măhān
Prănămi tomāi bārebār

Translated into Bengali by Sri Chinmoy from his English original.

Invocation

Supreme, Supreme, Supreme, Supreme!
I bow to Thee, I bow.
My life, Thy golden plough;
My journey's Goal, Thy soulful Dream.
Supreme, Supreme, Supreme, Supreme!
I bow to Thee, I bow.

Supreme, I am Thy glowing Grace.
My world, Thy Feet of Light;
My breath, Thy Vision's kite.
Thou art one Truth, one Life, one Face.
Supreme, Supreme, Supreme, Supreme!
I bow to Thee, I bow.

আমি গাহি গান তুমি গাহো বলে,
তুমি হাসো বলে হাসি।
বাঁশরি বাজাও হৃদয় গভীরে
তাইতো হয়েছি বাঁশি।
তুমি যে আমার, আমি যে তোমার,
এই মোর পরিচয়।
একাধারে তুমি জনক-জননী,
চিন্ময়ী-চিন্ময়।

Āmi gāhi gān tumi gāho băle,
Tumi hāso băle hāsi.
Bānshări bājāo hridăy găbhire
Tāito hăyechhi bānshi.
Tumi je āmār, āmi je tomār,
Ei mor părichoy.
Ekādhāre tumi jănăkă-jănăni,
Chinmoyi-chinmoy.

I sing because You sing.
I smile because You smile.
Because You play on the flute,
I have become Your flute.
You play in the depths of my heart.
You are mine, I am Yours.
This is my sole identification.
In one Form
You are my Mother and Father eternal,
And Consciousness-moon, Consciousness-sun
All-pervading.

Translated into English by Sri Chinmoy from his original Bengali poem "Ami Gahi Gan".

আলো, আলো, আলো!
মুক্তি শিখা জ্বালো।
আলো, আলো, আলো
কৃপা সিন্ধু ঢালো।
আলো, আলো, আলো
অমরতার ভালো।
আলো, আলো, আলো
লহো আমার কালো।

Ālo ālo ālo!
Mukti shikhā jwālo.
Ālo ālo ālo!
Kripā sindhu dhālo.
Ālo ālo ālo!
Ămărătār bhālo.
Ālo ālo ālo!
Lăho āmār kālo.

O Light, O Light Divine!
Kindle the flame of liberation
    within me.

O Light, O Light Divine!
Pour down the ocean of Compassion
    into my heart.

O Light, O Light Divine!
You are Immortality's Divinity.
Do accept my darkness, bondage,
    ignorance and death.

Translated into English by Sri Chinmoy from his original Bengali poem "Alo Alo Alo".

আশা নদী, আশা নদী!
দূরে, দূরে বহু দূরে,
অজানার শেষ সীমানায়
নিয়ে চলো মোরে।

Āshā nădi, āshā nādi!
Dure, dure băhu dure,
Ăjānār shesh simānāi
Niye chălo more.

O Hope-River,
Carry me to the ultimate Beyond
Of Infinity Unknown.

Translated into English by Sri Chinmoy from his original Bengali poem "Asha Nadi".

প্রেমালোকের কাননে,
নীরবতার স্বপনে,
ওগো চির সুন্দর,
এ হিয়া আলিংগনে।

Premāloker kānăne,
Nirăbătār swăpăne,
Ogo chiră sundără,
E hiyā ālingăne.

In the garden of Love-Light,
In silence-dream,
O Beauty Eternal!
This heart of mine is in Your embrace.

Translated into English by Sri Chinmoy from his original Bengali poem "Premaloker".

চুপ, চুপ, চুপ, চুপ, চুপ, চুপ!
হিয়ার মাঝে জ্বলিছে আজি
রূপান্তরের ধুপ।
চুপ, চুপ, চুপ, চুপ, চুপ, চুপ!
দ্যুলোক-ভূলোক, অসীম-সসীম
মাগে আমার রূপ।

Chup, chup, chup, chup, chup, chup!
Hiyār mājhe jwălichhe āji
Rupāntărer dhup.
Chup, chup, chup, chup, chup, chup!
Dyulok-bhulok, ăsim-săsim
Māge āmār rup.

Silence, silence, silence!
Inside my heart is burning today
The incense of transformation.
Silence, silence, silence!
Heaven and earth, the Infinite and the finite,
Are begging for my Transcendental Form.

Translated into English by Sri Chinmoy from his original Bengali poem “Chup Chup Chup”.

তোমার আদেশ শুনবো আমি শুনবো।
তোমার নভে উড়বো আমি উড়বো।
তুমি আমার চির আপন,
তুমি আমার হিয়ার রতন।
অশ্রু সাথে কাঁদবো রাতে,
আলোর সাথে হাসবো প্রাতে।
তোমার লাগি কাঁদবো আমি হাসবো।

Tomār ādesh shunbo āmi shunbo.
Tomār năbhe urbo āmi urbo.
Tumi āmār chiră āpăn,
Tumi āmār hiyār rătăn.
Ăshru sāthe kāndbo rāte,
Ālor sāthe hāsbo prāte.
Tomār lāgi kāndbo āmi hāsbo.

I shall listen to Your Command, I shall.
In Your Sky I shall fly, I shall fly.
Eternally You are mine, my very own.
You are my heart's wealth.
For You at night in tears I shall cry.
For You at dawn with light I shall smile.
For You, for You, Beloved, only for You.

Translated into English by Sri Chinmoy from his original Bengali poem "Tomar Adesh Shunbo".

হে করুনা সিন্ধু,
আমি তব বিন্দু।
চরণ তলে ঠাঁই
নিত্য যেন পাই।
জানি জননী জানি
তোমায় আমি হানি,
হে আনন্দ-ইন্দু!

He kărunā-sindhu,
Āmi tăbă bindu.
Chărăn tăle thãi
Nityă jenă pāi.
Jāni jănăni jāni
Tomāi āmi hāni,
He ānăndă-indu!

O Ocean of Compassion,
I am Your tiniest drop.
At Your Feet, my haven I always seek.
I know, Mother, I know,
You I strike, You I hurt,
O my Moon of Light-Delight.

Translated into English by Sri Chinmoy from his original Bengali poem "He Karuna Sindhu".

বেদনারে ভুলে যাবো
যেদিন তোমারে পাবো।
আঁধিয়ার কারাগার
হেরিবোনা কভু আর।
এ জীবন তিয়াশার,
অমৃত পারাবার
তোমার চরণে পাবো।

Bedănāre bhule jābo
Jedin tomāre pābo.
Āñdhiyār kārāgār
Heribonā kăbhu ār.
E jibăn tiyāshār,
Amrită pārābār
Tomār chărăne pābo.

All my heart's pangs I shall forget
The day I get You as my own.
The prison of tenebrous gloom
No more shall I see within.
My life's thirst for the Sea of Nectar-Delight
At Your Feet will, before long, be quenched.

Translated into English by Sri Chinmoy from his original Bengali poem "Bedanare Bhule Jabo".

ওরে আমার দেহ,
অশ্রু নদীর গেহ।
ওরে আমার প্রাণ,
পাষানপুরীর গান।
ওরে আমার মন,
গভীর নিশার বন।
ওরে আমার হিয়া,
বিশ্বপ্রভুর প্রিয়া।

Ore āmār dehă,
Ăshru nădir gehă.
Ore āmār prān,
Pāshān purir gān.
Ore āmār măn,
Găbhir nishār băn.
Ore āmār hiyā,
Bishwă prăbhur priyā.

O my body,
You are the home of the river of tears.
O my vital,
You are the song of the heartless city.
O my mind,
You are the forest of tenebrous night.
O my heart,
You are the love of the World-Lord.

Translated into English by Sri Chinmoy from his original Bengali poem “Ore Amar Deha”.

সুরে, সুরে মধুর সুরে,
আরাধনার হৃদয় পুরে
শুনি তোমার নুপুর ধ্বনি,
হে অসীমের মুকুটমণি।
তোমার গীতি, তোমার প্রীতি,
অমরতার অমর নীতি,
তোমার সোনার তরী খানি
নিয়ে যাবে আমায় জানি।

Sure sure mădhur sure,
Ārādhănār hridăy pure
Shuni tomār nupur dhwăni,
He ăsimer mukutmăni.
Tomār giti, tomār priti,
Ămărătār ămăr niti,
Tomār sonār tări khāni
Niye jābe āmāi jāni.

In a sweet and melodious tune, You sing
In the core of my selfless adoration supreme.
You I see!
And I hear the ringing of Your ankle bells,
O Crown of Infinity's Height!
Your Song, Your Love,
Your Immortality's immortal Law
Will carry me, I know, I know,
To the shores of the Golden Beyond.

Translated into English by Sri Chinmoy from his original Bengali poem "Sure Sure Madhur Sure".

বেদনায় ভরা চেতনা আমার।
ঘোর তমসার অসীম পাথার।
জীবনের আলো, মরণের কালো
তোমার চরণে এবার ফুরালো।
শান্তি সাগরে সুধা সন্ধান
পেয়েছে আজিকে তৃষিত পরাণ।

Bedănāi bhărā chetănā āmār.
Ghor tămăsār ăsim pāthār.
Jibăner ālo, mărăner kālo
Tomār chărăne ebār phurālo.
Shānti sāgăre sudhā săndhān
Peyechhe ājike trishită părān.

An infinite expanse of darkness
Covers the life of my consciousness,
Filled with excruciating pangs.
The light of my life, the darkness of my death,
All, all at Your Feet I have now exhausted.
In the sea of peace, my thirsty heart
Has discovered today Nectar-Delight.

Translated into English by Sri Chinmoy from his original Bengali poem "Bedanai Bhara Chetana Amar".

নয়নে-নয়নে, গোপনে-গোপনে
শয়নে স্বপনে মধু জাগরণে।
জীবনের দোলে মরণের কোলে,
তব প্রেমলীলা আমার ভুবনে।

Năyăne-năyăne, gopăne-gopăne
Shăyăne swăpăne mădhu jāgărăne
Jibăner dole mărăner kole,
Tăbă premă-lilā āmār bhubăne.

In secrecy supreme I see You.
You live in my eyes, in my sleep,
In my dreams, in my sweet wakefulness.
In the stupendous mirth of life,
In the abysmal lap of death,
You I behold.
Your Love-Play is my world.

Translated into English by Sri Chinmoy from his original Bengali poem "Nayane Nayane".

সফল হবে স্বপন আমার, সফল হবে
সমর্পনের আত্মাহুতীর মহোৎসবে।
তোমার হাসি, তোমার বাঁশি,
বিজয় কেতন, অমর চেতন,
আমার ভবে নাচবে জানি,
আমার ভবে।

Săphăl hăbe swăpăn āmār, săphăl hăbe
Sămărpăner ātmăhutir măhotsăbe.
Tomār hāsi, tomār bāñshi,
Bijoy ketăn, ămăr chetăn,
Āmār bhăbe nāchbe jāni,
Āmar bhăbe.

My dream will be fulfilled
In the great festival of my surrender's
consecration-fire.
Your Smile, Your Flute,
Your Banner, Your Consciousness-Light
In my world shall dance,
I know, I know.

Translated into English by Sri Chinmoy from his original Bengali poem "Saphal Habe".

বন্ধনা, বন্ধনা, বন্ধনা!

ক্রন্দনা, ক্রন্দনা, ক্রন্দনা!

স্পন্দনা, স্পন্দনা, স্পন্দনা!

রঞ্জনা, রঞ্জনা, রঞ্জনা!

স্যন্দনা, স্যন্দনা, স্যন্দনা!

মোহনা, মোহনা, মোহনা!

Băndhănā, băndhănā, băndhănā!
Krăndănā, krăndănā, krăndănā!
Spăndănā, spăndănā, spăndănā!
Rănjănā, rănjănā, rănjănā!
Syāndănā, syāndănā, syāndănā!
Mohănā, mohănā, mohănā!

Bondage, bondage, bondage!
Cry, cry, cry!
Thrill, thrill, thrill!
Delight, delight, delight!
Chariot, chariot, chariot!
Charm, charm, charm!
Eternity's charm,
Infinity's lustre.

Translated into English by Sri Chinmoy from his original Bengali poem "Bandana".

গহন হিয়ার অন্ধ আন্ধার রাতি।
মোরা মোদের অশ্রু নদীর সাথী।
মোহের দেশে কেঁদে হেসে
জ্বালাই মোরা ছায়া-বাধার বাতি।
বিশ্ব মোদের নিঃশ্ব, শূন্য আশা।
মোরা হবো চিরন্তনের ভাষা,
অসীম ক্ষুধা, অমর সুধা
মহাকালের রূপান্তরের ভাতি।

Găhănă hiyār ăndhă āndhār rāti.
Morā moder ăshru nădir sāthi.
Moher deshe kende hese
Jwālāi morā chhāyā-bādhār bāti.
Bishwă moder nishwă, shunyă āshā.
Morā hăbo chirăntăner bhāshā,
Ăsim khudhā, ămăr sudhā
Măhākāler rupāntărer bhāti.

O blind and dark night of our heart's abyss!
We are the comrades of the river of tears.
In the clime of binding attachment,
Crying and smiling we kindle the lamp
    of wild obstruction-shades.
Our world is an empty hope, destitute.
We shall be the language-message
    of the Time Eternal.
We shall grow into Infinite Hunger,
    Infinite Nectar-Delight
And Eternity's Transformation-Light.

Translated into English by Sri Chinmoy from his original Bengali poem "Gahana Hiyar".

জাগো আমার স্বপন সাথী।
জাগো আমার প্রাণের প্রাণ।
জাগো আমার চোখের জ্যোতি,
ঋষি-কবি মূর্তিমান।
জাগো, জাগো, জাগো!

জাগো আমার বিশাল হিয়া,
ব্যাপ্ত যাহা বিশ্বময়।
জাগো আমার সেই চেতনা
বিশ্বটিতে শেষ যা নয়।
জাগো, জাগো, জাগো!

জাগো আমার ধ্যানী স্বরূপ,
জাগো আমার বদ্ধ-জীব।
সর্ব জীবের তন্দ্রা টুটি
জাগো আমার মুক্ত শিব।
জাগো, জাগো, জাগো!

Jāgo āmār swăpăn sāthi.
Jāgo āmār prāner prān.
Jāgo āmār chokher jyoti,
Rishi kăbi murtimān.
Jāgo, jāgo, jāgo!

Jāgo āmār bishāl hiyā,
Byāptă jāhā bishwămoy.
Jāgo āmār sei chetănā
Bishwătite shesh jā noy.
Jāgo jāgo jāgo!

Jāgo āmār dhyāni swărup,
Jāgo āmār băddhă-jib.
Sărbă jiber tăndrā tuti
Jāgo āmār muktă Shib!
Jāgo jāgo jāgo!

Arise, awake, O friend of my dream.
Arise, awake, O breath of my life.
Arise, awake, O light of my eyes.
O seer-poet in me,
Do manifest yourself in me and through me.

Arise, awake, O vast heart within me.
Arise, awake, O consciousness of mine,
Which is always transcending the universe
And its own life of the Beyond.

Arise, awake, O form of my meditation
    transcendental.
Arise, awake, O bound divinity in humanity.
Arise, awake, O my heart's Liberator, Shiva,
And free mankind from its ignorance-sleep.

Translated into English by Sri Chinmoy from his original Bengali poem "Jago Amar Swapan Sathi".

সুন্দর হতে সুন্দর তুমি
নন্দন বন মাঝে।
নিশিদিন যেন অন্তরে মোর
তোমারই মূরতি রাজে।
তুমি ছাড়া মোর নয়ন আঁধার,
সকলি মিথ্যা, সকলি অসাড়।
চৌদিকে মোর বিশ্ব ভুবনে
বেদনার সুর বাজে।
পাবো কি গো দেখা নিমেষের তরে
এই জীবনের মাঝে।

Sundără hăte sundăra tumi
Năndănă bănă mājhe.
Nishidin jenă ăntăre mor
Tomāri murăti rāje.
Tumi chhāra mor năyăn āñdhār,
Săkăli mithyā, săkăli ăsār.
Chaudike mor bishwă bhubăne
Bedănār sur bāje.
Pābo ki go dekhā nimesher tăre
Ei jibăner mājhe.

You are beautiful, more beautiful, most beautiful,
Beauty unparalleled in the Garden of Eden.
Day and night may Thy Image abide
In the very depths of my heart.
Without You my eyes have no vision.
Everything is an illusion, everything is barren.
All around me, within and without,
The melody of tenebrous pangs I hear.
My world is filled with excruciating pangs.
O Lord, O my beautiful Lord,
O my Lord of Beauty,
In this lifetime, even for a fleeting second,
May I be blessed with the boon
    To see Thy Face.

Translated into English by Sri Chinmoy from his original Bengali poem "Sundara Hate".

তুমি আমায় দিয়েছো আজ সমর্পনের বাণী।
আমি তোমায় সঁপেছি মোর কুসুম হৃদয়খানি।
আন্ধার রাতে অশ্রু সাথে,
মোহের কারার অজানাতে,
সীমার গেহে থাকবোনা আর জানি আমি জানি।
তুমি আমার, জেনেছি মা, চিরন্তনের রাণী।

Tumi āmāi diyechho āj sămărpăner bāni.
Āmi tomāi sănpechhi mor kusum hridăykhāni.
Āndhār rāte ăshru sāthe,
Moher kārār ăjānāte,
Simār gehe thākbona ār jāni āmi jāni.
Tumi āmār, jenechhi mā, chirăntăner rāni.

Today You have given me
The message of surrender.
I have offered to You
My very flower-heart.
In the dark night with tears,
In the unknown prison-cell of illusion,
In the house of the finite,
No longer shall I abide.
I know You are mine.
I have known this, Mother,
O Queen of the Eternal.

Translated into English by Sri Chinmoy from his original Bengali poem "Tumi Amai Diyecho Aj".

প্রভু!
তোমার হাসি ভালোবাসি।
তোমার আঘাত ভালোবাসি।
তোমার চরণ ভালোবাসি।
তোমার নয়ন ভালোবাসি।
আত্মা তোমার ভালোবাসি।
দেহ তোমার ভালোবাসি।
তোমার সকল ভালোবাসি।
প্রতিক্ষনে ভালোবাসি।
প্রভু তোমায় ভালোবাসি।
তুমি আমার পরিচয়ের বাঁশি।

Prabhu!
Tomār hāsi bhālobāsi.
Tomār āghāt bhālobāsi.
Tomār chărăn bhālobāsi.
Tomār năyăn bhālobāsi.
Ātmā tomār bhālobāsi.
Dehă tomār bhālobāsi.
Tomār săkăl bhālobāsi.
Prătikhăne bhalobāsi.
Prăbhu tomāi bhālobāsi.
Tumi āmār pārichăyer bāñshi.

Supreme!
Your Smile I love.
Your torture I love.
Your Feet I love.
Your Eyes I love.
Your Soul I love.
Your Body I love.
Everything that is You I love.
Every moment I love You.
O Lord Supreme, O Lord Supreme,
I love You, I love You.
You are the Flute of my existence.

Translated into English by Sri Chinmoy from his original Bengali poem "Tomar Hasi Bhalobasi".

তমসা রাতে নয়ন পাতে
হেরিলে যদি আমার পানে,
আপন করে আমায় লহো
হে দয়াময় করুনা দানে।
তোমার আমি অবোধ শিশু
একলা চলি গহন পথে,
দুহাতে মোরে জড়িয়ে ধরো
ভাসিয়ে যেন না যাই স্রোতে।

Tămăsā rāte năyăn pāte
Herile jădi āmar pāne,
Āpăn kăre āmāi lăho
He dăyāmoy kăruṇā dāne.
Tomār āmi ăbodh shishu
Eklā chăli găhăn păthe,
Duhāte more jăriye dhăro
Bhāsiye jenă nā jāi srote.

In the dark and dense night,
You cast Your benign Eyes upon me.
Take me and make me Your very own,
Offering Your Compassion.
I am Your innocent child.
Alone do I walk on a thick, dense path.
With Your two Arms, embrace me.
Allow me not to be drowned and washed away
By the turbulent currents of life.

Translated into English by Sri Chinmoy from his original Bengali poem "Tamasa Rate".

ওরে মোর খেয়া, ওরে মোর নেয়ে
ওরে আনন্দ বানী!
নিয়ে যাও মোর তৃষিত ক্ষুধিত
সুপ্ত চিত্তখানি।
মৃত্যু-নৃত্য হেরি চারিধার
ধ্বংশ-অশনি হানে দূর্বার।
ওগো কান্ডারী তুমি যে আমার
চির অসীমের কৃপা পারাবার।
তোমার মাঝারে হারাবো আমারে
জানি আজি আমি জানি।

Ore mor kheyā, ore mor keye
Ore ānăndă bāni!
Niye jāo mor trishită khudhită
Suptă chittăkhāni.
Mrittyu-nrityă heri chāridhār
Dhwangsă-ăshăni hāne durbār.
Ogo kāndāri tumi je āmār
Chiră ăsimer kripā pārābār.
Tomār mājhāre hārābo āmāre
Jāni āji āmi jāni.

O my Boat, O my Boatman,
O message of Transcendental Delight,
    Carry me!
My heart is thirsty and hungry,
And it is fast asleep at the same time.
Carry my heart to the other shore.
The dance of death I see all around.
The thunder of destruction indomitable I hear.
O my Inner Pilot, You are mine.
You are the Ocean of Compassion infinite.
In You I lose myself,
My all in You I lose.

Translated into English by Sri Chinmoy from his original Bengali poem "Ore Mor Kheya".

আমার ভাবনা, আমার কামনা,
আমার এষনা, আমার সাধনা,
তোমার চরণে পেয়েছে আজিকে ঠাঁই।
মোহের বন্ধন, হিয়ার যাতন,
তিমির জীবন, শমন শাসন,
হলো অবসান,
নাই, নাই, আর নাই।

Āmār bhābănā, āmār kāmănā,
Āmār eshănā, āmār sādhănā,
Tomār chărăne peyechhe ājike thāi.
Moher băndhăn, hiyār jātăn,
Timir jibăn, shămăn shāsăn,
Hălo ăbăsān,
Nāi, nāi, ār nāi!

My thoughts, my desires,
My aspiration, my life's disciplines
Have found their haven at Your Feet today.
The bondage of tempting attachment
    and the pangs of the heart,
The life of darkness and the torture of death,
No more I see, no more I feel.

Translated into English by Sri Chinmoy from his original Bengali poem "Amar Bhabana".

যারা যাবে চলে
ছলে, ছলে, ছলে
এসেছে তাদের ডাক।
চলে যাক, চলে যাক!
আলোর তরণী খানি
নিয়ে যাবে শুধু জানি
হৃদয় গহনে যারা চায়
অসীমের অমিয়ের হাসি,
রূপান্তরের বাঁশি।

Jārā jābe chăle
Chhăle, chhăle, chhăle,
Esechhe tāder dāk.
Chăle jāk, chăle jāk!
Ālor tărāni khāni
Niye jābe shudhu jāni
Hridăy găhăne jārā chāi
Ăsimer ămiyer hāsi,
Rupāntărer bāñshi.

Those who want to go with tricks
    and mischievous pranks must go.
Their call has come, let them go.
The Boat of Light of the Supreme
Will carry only those who,
In the depths of their hearts,
Want the Nectar-Smile of Infinity
And the Flute of fire-pure Transformation.

Translated into English by Sri Chinmoy from his original Bengali poem "Jara Jabe Chale".

যাও চলে, যাও চলে যাও!
আনন্দ নাহি তুমি চাও।
চাহো শুধু বন্ধনের রূপ,
নাহি চাহো মুক্তির ধূপ।
যাও চলে হে অরাতি ঘোর!
মোর লাগি অসীমের ভোর।

Jāo chăle, jāo chăle jāo!
Ānăndă nāhi tumi chāo.
Chāho shudhu băndhăner rup,
Nāhi chāho muktir dhup.
Jāo chăle he ărāti ghor!
Mor lāgi ăsimer bhor.

Go away, go away, go away!
You do not want Divine Delight.
You only want the beauty of bondage.
You do not want the incense-flame
of liberation.
O dark enemy, away you go!
For me the Dawn of Infinity.

Translated into English by Sri Chinmoy from his original Bengali poem "Jao Chale".

রাখাল রাজা, রাখাল রাজা, বারেক দেখা দাও।
জীবন মরণ, অলিক স্বপন এবার নিয়ে যাও।
রাখাল রাজা, রাখাল রাজা, বারেক দেখা দাও।
তোমার বেণু আলোর বনে, সঙ্গোপনে বাজে।
তোমার ধেনু নিরবতার অসীম কোলে রাজে।

Rākhāl rāja, rākhal rāja, bārek dekhā dāo.
Jibăn mărăn, ălik swăpăn ebār niye jāo
Rākhāl rāja, rākhal rāja, bārek dekhā dāo.
Tomār benu ālor băne, săngopăne bāje.
Tomār dhenu nirăbătār ăsim kole rāje.

O King of the cowherds,
O King of the cowherds,
Just once before me appear.
My life is a false dream,
My death is a false dream.
Do take them away.
O King of the cowherds,
O King of the cowherds,
Just once before me appear.
In the forest of my inner light,
In the silent depths of my heart,
I hear the soul-stirring music of Your Flute.
I see Your divine cow grazing
In the lap of Infinity's Silence.
O King of the cowherds,
O King of the cowherds,
Just once before me appear.

Translated into English by Sri Chinmoy from his original Bengali poem "Rakhal Raja".

সুন্দরতম অন্তরে মম
সুষমা বহ্নি জ্বালো।
চির সুন্দর! সুন্দর হবো
সুন্দরে বেসে ভালো।
রুদ্রদেবের প্রলয় নাচন
ভাঙ্গুক সকল সীমার বাঁধন।
প্লাবন নামুক দিব্য জ্যোতির,
আলো, আলো, আলো!
কাঁদিছে আলোর লাগিয়া
অসীমে বাসিয়া ভালো।
ওগো সীমাহীন, পরাণে আমার
অসীমের ক্ষুধা জ্বালো।
বিন্দু মিলাবে সিন্ধু সলীলে
তোমারে নেহারি অনলে অনিলে।
ওগো সুন্দর হিরণময়ের
আলো, আলো, আলো!

Sundărătămă ăntăre mămă
Sushămā băhni jwālo.
Chiră sundără! Sundără hăbo,
Sundăre bese bhālo.
Rudră deber prălăy nāchăn
Bhānguk săkăl simār bāñdhăn.
Plābăn nāmuk dibyă jyotir,
Ālo, ālo, ālo!
Āñdhār kāñdichhe ālor lāgiyā,
Ăsime bāsiya bhālo.
Ogo simāhin, părāne āmār
Ăsimer khudhā jwālo.
Bindu milābe sindhu sălile,
Tomāre nehāri ănăle ănile.
Ogo sundără hirănmăyer
Ālo, ālo, ālo!

O Beauty non-pareil, O Beloved,
Do burn the fire of beauty and splendour
    within my heart.
By loving You, eternally beautiful I shall be.
May Lord Shiva's destruction-dance
    destroy all shackles of the finite.
May the Light of the Supreme inundate me,
    my heart, my heart, my all.
Having loved the Infinite, the heart of gloom
    is crying for the bloom of Light.
O Life infinite, give me the eternal hunger,
    aspiration-cry.
The tiniest drop will lose its raison d'etre
    in the heart of the boundless ocean.
In fire and air Your life of the Spirit I behold.
O Beauty, O Beauty's Gold,
O Light of the Supreme!

Translated into English by Sri Chinmoy from his original Bengali poem "Sundaratama".

তুমি শুধু বন্ধু আমার,
তুমি আমার প্রাণ!
বাউল হয়ে দেশ বিদেশে
গাহি যেন ভালোবেসে
জীবন ভরে তোমার জয় গান।

Tumi shudhu băndhu āmār,
Tumi āmār prān!
Bāul hăye desh bideshe
Gāhi jenă bhālobese
Jibăn bhăre tomār jăyă gān.

You are my only Friend,
You are my life.
Like a divine mendicant,
From one country to another,
May I sing a song of You
    With all my love.
May I sing the Song of Your Victory
    All my life.

Translated into English by Sri Chinmoy from his original Bengali poem "Tumi Shudhu Bandhu Amar".

জীবন নদী তীরে, ধীরে, ধীরে
ওই আসে মোর প্রিয়তম,
বেণু হাতে মধুর প্রাতে ওই আসে।
প্রাণের যত আশা, যত ভালোবাসা,
রাঙ্গা ওই শ্রীচরণে সঁপি আজি,
তোমায় নমি।

Jibănă nădi tire, dhire, dhire
Oi āse mor priyătămă,
Benu hāte mădhur prāte oi āse.
Prāner jătă āshā, jătă bhālobāsā,
Rāngā oi sri chărăne săñpi āji,
Tomāi nămi.

Behold, with His Flute in His Hand,
My Beloved slowly is coming
To the bank of my life-river
In today's morning sweet.
All my life's hopes,
All my life's love,
To Your Power-red Feet divine I offer,
And to You I bow and bow.

Translated into English by Sri Chinmoy from his original Bengali poem "Jibana Nadi Tire".

শুধু সেইদিন তোমায় দেখেছি
খেলেছি তোমার সনে।
জন্ম লভেছি অমাধরা বুকে
তবু আছে মোর মনে।
চারিদিকে শুধু
বিরাজিছে স্মৃতি,
তুমি আজ বহু দূরে।
কাঁপিছে আমার
হৃদয়ের পাখি
বড়ই বেদন সুরে।

Shudhu seidin tomāi dekhechhi
Khelechhi tomār săne.
Jănmă lăbhechhi ămā-dhără buke
Tăbu āchhe mor măne.
Chāridike shudhu
Birājichhe smriti,
Tumi āj băhu dure.
Kāñpichhe āmār
Hridăyer pākhi
Bărăi bedăn sure.

O Lord Supreme, only the other day
I saw You and played with You
Before I came into the world of ignorance-night.
Yet I remember my golden past
    within and without.
Alas, far, very far, now You are.
The bird of my heart is crying and trembling
    with darkest pangs.

Translated into English by Sri Chinmoy from his original Bengali poem "Shudhu Seidin".

কালো বরণ নয় যে কানু, যেন কাঁচা সোনা!
বিশ্ব রূপের রূপ মাধুরি, জ্যোতি দিয়ে বোনা।
আমার মনের কালি ঢালার পরে, দেখাযে তারে কালো।
তা নাহলে প্রিয় যে মোর শুধুই উজ্জ্বল আলো।
আলো আন্ধার তাহার গড়া, কানু বিশ্বময়,
সবার সাথে হবে আমার নব পরিচয়।

Kālo bărăn nāi je kānu, jenă kāñcha sonā
Bishwă ruper rup mādhuri, jyoti diye bonā.
Āmār măner kāli dhālār păre, dekhāi tāre kālo.
Tā nāhăle priyă je mor shudhui ujjwăl ālo.
Ālo āndhār tāhār gărā, kānu bishwămoy,
Săbār sāthe hăbe āmār năbă pārichoy.

My Krishna is not black,
He is pure gold.
He Himself is woven
Into the universal Beauty, Light and Splendour.

He looks dark
Because I have spilled the ink
Of my mind on Him.
Otherwise, my Beloved is All-Light.

He created light and darkness.
He is within and without the Cosmos Vast.

With this knowledge,
I will have a new acquaintance
With the world at large.

Translated into English by Sri Chinmoy from his original Bengali poem "Kalo Baran".

ডাকে আমায় ডাকে!
ডাকে আকাশ, ডাকে বাতাস, ডাকে শশীতারা।
ডাকে শ্যামল নিবীড় কানন, ডাকে ঝর্ণাধারা।
হাসি ডাকে, অশ্রু ডাকে, ডাকে ক্ষীন সুর।
ডাকে প্রভাত, সন্ধ্যা ডাকে, ডাকিছে দুপুর।
সবাই খুঁজে খেলার সাথি, ডাকে আমায় 'আয়'।
চারিদিকে একই ধ্বনি, বেলা বয়ে যায়।

Dāke āmāi dāke!
Dāke ākāsh, dāke bātās, dāke shăshi-tārā.
Dāke shyāmăl nibir kānăn, dāke jhărnādhārā.
Hāsi dāke, ăshru dāke, dāke khină sur.
Dāke prăbhāt, săndhyā dāke, dākichhe dupur.
Săbāi khunje khelār sāthi, dāke āmāi 'āi'.
Chāridike ekiy dhwăni, belā băye jāi.

The sky calls me.
The wind calls me.
The moon and the stars call me.
The green and dense groves call me.
The dance of the fountain calls me.
Smiles call me. Tears call me.
A faint melody calls me.
The morn, noon and eve call me.
Everyone is searching for a playmate,
Everyone is calling me, “Come, come!”
One voice, one sound, all around.
Alas, the Boat of Time sails on.

Translated into English by Sri Chinmoy from his original Bengali poem “Dake Amai Dake”.

শান্তি, শান্তি, হৃদয়ে শান্তি,
পরাণে শান্তি রাজে।
চির মনোহর কানুর বাঁশরি
দ্যুলোকে-ভূলোকে বাজে।
ঘোর দানবের হিংসার ছায়া,
আন্ধার নিশার অজ্ঞান-মায়া
হারিয়ে ফেলেছি আমার এ তনু,
মন, প্রাণ, অন্তরে।
আকুতি আমার তব কৃপা নীরে
নিরবধি সাঁতারে।

Shānti, shānti, hridăye shānti,
Părāne shānti rāje.
Chiră mănohăr kānur bāñshări
Dyuloke-bhuloke bāje.
Ghor dānăber hingshār chhāyā,
Āñdhār nishār ăgyānă-māyā
Hāriye phelechhi āmār e tănu,
Mănă, prānă, ăntăre.
Ākuti āmār tăbă kripā nire
Nirăbădhi sāñtāre.

Peace, Peace,
Peace within my heart reigns supreme.
The soul-stirring flute of Lord Krishna
Is being played in my Heaven
And on my earth.
The destruction-shadows of dark demons
And the ignorance-delusion of sombre night
Lie long-buried in the depths
Of my body, mind, heart and life.
My aspiration-flames ever swim across
The expanse of Your Compassion-Waters.

Translated into English by Sri Chinmoy from his original Bengali poem "Shanti Shanti Hridaye Shanti".

কল্পনা গো, কল্পনা!
তুমি আমার বন্দনা।
দূরে তোমায় রাখবোনা,
কল্পনা গো, কল্পনা!
মিথ্যা মোহে কাঁদবোনা।
কুরূপ প্রানে ডাকবোনা।
ক্ষুদ্র জয়ে হাসবোনা।
কল্পনা গো, কল্পনা!
মৃত্যু ডাকে জাগবোনা।
আত্মা আমি, মরবোনা।
ভুল পথে আর চলবোনা।
কল্পনা গো, কল্পনা!

Kălpănă go, kălpănā!
Tumi āmār băndănā.
Dure tomāi rākhbona,
Kălpănā go, kălpănā!

Mithyā mohe kāndbonā.
Kurup prāne dākbonā.
Khudră jăye hāsbonā.
Kălpănā go, kălpănā!

Mrityu dāke jāgbonā.
Ātmā āmi, mărbona.
Bhul păthe ār chălbona.
Kălpănā go, kălpănā!

Imagination, O Imagination!
You are my life's adoration.
You I shall not keep afar.
Imagination, O Imagination!

In false, binding lies I shall not cry.
I shall not welcome
The life of impurity's ugliness.
With paltry victory
I shall not smile and rejoice.
Imagination, O Imagination!

To death's call I shall not respond.
The soul am I; no death have I.
No more, never,
Shall I walk along the wrong path.
Imagination, O Imagination!

Translated into English by Sri Chinmoy from his original Bengali poem "Kalpana Go Kalpana".

না পারি তোমায় বহিতে।
তা পারি তোমায় সহিতে।
না পারি তোমায় ক্ষমিতে।
পারি শুধু হায় বাঁধিতে।

Nā pāri tomāi băhite.
Nā pāri tomāi săhite.
Nā pāri tomāi khămite.
Pāri shudhu hāi bāndhite.

Carry You I cannot.
Suffer You I cannot.
Forgive You I cannot.
Alas, bind You I only can.

Translated into English by Sri Chinmoy from his original Bengali poem "Na Pari Tomai".

সুখ চাহিনা, মান চাহিনা, চাইলে পেতে পারি।
তোমার কৃপা পেতে কেবল ঝরে চোখের বারি।
এই ধরণী হাসে কেবল, চাহে আমার পানে।
মুগ্ধ আমি হই যেন মা, তোমার জয় গানে।

Sukh chāhinā, mān chāhinā, chāile pete pāri.
Tomār kripā pete kebal jhăre chokher bāri.
Ei dhărăni hāse kebăl chāhe āmār pāne,
Mugdhă āmi hoi jenă mā tomār jăyă gāne.

I do not want happiness, name and fame.
If I want them, I can get them.
What is most difficult to get is Your Compassion.
And for that I am crying,
I am shedding bitter tears.
I am not getting Your Compassion.
The world is smiling and laughing at me,
But I wish only to be enamoured of Your Victory.

Translated into English by Sri Chinmoy from his original Bengali poem "Sukh Chahina Man Chahina".

শেষ কথাটি শুনবে তুমি এই ভরসায় আছি।
সুখে-দুখে তোমার প্রাণে নিত্য যেন নাচি।
দুখের চেয়ে সুখের পীড়া, বড়ই তীব্র জানি।
সুখের দিনে তোমায় ভুলে, তোমার প্রাণে হানি।

Shesh kăthāti shunbe tumi ei bhărăshāi āchhi.
Sukhe-dukhe tomār prāne nityă jenă nāchi.
Dukher cheye sukher pirā, bărăi tibră jāni.
Sukher dine tomāi bhule, tomār prāne hāni.

My last word You will hear.
With this hope
I still exist on earth.
Let me dance in Your Heart always,
In the nights of sorrow and in the days of joy.
I feel that the torture of happiness
Is more painful than the torture of sorrow,
For when I am in joy I forget You,
I hurt Your Heart.

Translated into English by Sri Chinmoy from his original Bengali poem "Shesh Kathati Shunbe Tumi".

যে বেসেছে ভালো এই ধরণীরে
সে পেয়েছে শুধু ব্যথা।
পরাণে তাহার ঢেলেছে অবনী
কুরূপের মলিনতা।
তবু নির্ভয় চলে সেই বীর,
পৃথ্বীর বোঝা নিয়ে।
আহব অন্তে হবে উপনীত
প্রভুর চরণে গিয়ে।

Je besechhe bhālo ei dhărănire
Se peyechhe shudhu byethā.
Părāne tāhār dhelechhe ăbăni
Kuruper mălinătā.
Tăbu nirbhoy chăle sei bir
Prithir bojhā niye.
Āhăbă ănte hăbe upănită
Prăbhur chărăne giye.

He who has loved this world
Has only got excruciating pangs.
The world has thrown on him
All ugliness, filth, dirt and impurity.
Yet the hero marches along,
Carrying the burden of the entire world.
At the end of his teeming struggles
He will go and stand at the Feet
    Of the Lord Supreme.

Translated into English by Sri Chinmoy from his original Bengali poem "Je Besechhe Bhalo".

আর কতকাল কাঁদবো মাগো,
আর কতকাল কাঁদবো?
আন্ধার ঘরে একলা বসে,
তোমায় ভালোবাসবো।
তুমি জানো গোপন কথা,
আমার হিয়ার ব্যাকুলতা।
নিত্য কেন কালো শমন
প্রাণে আমার করে দাহন?
আর করো না দেরি মাগো,
আর করো না দেরি।
তুমি আমার বিশ্ব মাতা,
যিশুর যেমন মেরি।

Ār kătokāl kāñdbo māgo,
Ār kătokāl kāñdbo?
Āñdhar ghăre eklā băse,
Tomāi bhālobāsbo.
Tumi jāno gopăn kăthā,
Āmār hiyār byākulătā.
Nityă kenă kālo shămăn
Prāne āmār kăre dāhăn?
Ār kăro nā deri māgo,
Ār kăro nā deri.
Tumi āmār bishwă-mātā,
Jishur jemăn Mary.

How long more shall I cry, Mother?
How long shall I cry
In a dark room alone, loving You?
You know my secret thoughts,
You know my heart's eagerness.
Why does dark death torture me every day?
How long will You delay, Mother?
How long will You delay?
As Jesus had Mary,
So are You my World-Mother.

Translated into English by Sri Chinmoy from his original Bengali poem "Ar Katokal Kandbo Mago".

তুমি সুন্দর পুরুশোত্তম,
আমি যে তোমার দাস।
তোমার বিজয়ে আমার বিজয়,
অনন্ত উল্লাস।
তোমারে জানিতে অসীম যাতনা
লভেছে এ প্রাণ জানি।
তাই আমি হায় অভিমান-বাণ
তোমার বক্ষে হানি।
ভ্রান্তি মুক্ত, চিন্তা লুপ্ত,
নাহি কোন অভিলাষ।
ওগো অপরূপ আমি যে তোমার
অমিয়-করুণা দাস।

Tumi sundără purushottămă,
Āmi je tomār dās.
Tomār bijoye āmār bijoy,
Ănăntă ullās.
Tomāre jānite ăsim jātănā
Lăbhechhe e prān jāni,
Tāi āmi hāi ăbhimān-bān
Tomār băkkhe hāni.
Bhrānti muktă, chintā luptă
Nāhi konă ăbhilāsh.
Ogo ăpărup āmi je tomār
Ămiyă-kărunā dās.

You are beautiful, O Being Absolute,
I am Your slave.
In Your Victory is my victory,
My endless rapture.
My heart has suffered infinite pangs to know You.
Therefore I hurl the arrows of my sulk-venom
    at Your Heart.
Freed from errors, thought abolished,
No desire have I now.
O Beauty Transcendental,
I am the slave of Your Nectar-Compassion.

Translated into English by Sri Chinmoy from his original Bengali poem "Tumi Sundara Purushottama".

স্বাধীন আমি আমার প্রাণে,
সবার কাছে দাস।
পূর্ণ আমি, পরাণে মোর
সবার উপহাস।
এই অবনীর ব্যথা জানি
বড়ই পীড়াদায়ী।
অজ্ঞানতার আঁধার নিশায়
সবাই শয্যাসায়ী।

Swādhin āmi āmār prāne,
Săbār kāchhe dās.
Purnă āmi, părāne mor
Săbār upăhās.
Ei abănir byethā jāni
Bărăi pirādāyi.
Agyānătār āñdhār nishāi
Săbāi shăjyāshāyi.

I am independent, I am all free in my heart.
But at the same time I am everybody's slave.
I am infinite, I am complete in my heart.
But everybody laughs at me, ridicules me.
The torture of this world is most hurtful.
Not only I, but all are bedridden
In the night of ignorance.

Translated into English by Sri Chinmoy from his original Bengali poem "Swadhin Ami".

নাই যে কিছুই নাই!
দেখাবার মতো,শুনাবার মতো,
নাই যে কিছুই নাই!
সাধন, ভজন, ধ্যান, আরাধন,
নাই যে কিছুই নাই!
চারিদিকে আছে শুধু হাহাকার,
ধুলি কর্দম ছাই!
বিষয়, বাসনা, স্বল্পে তুষ্টি।
নাই যে কিছুই নাই!

Nāi je kichhui nāi.
Dekhābār măto shunābār măto
Nāi je kichhui nāi.
Sādhăn, bhăjăn, dhyān, ārādhăn,
Nāi je kichhui nāi.
Chāridike āchhe shudhu hāhākār,
Dhuli kărdămă chhāi.
Bishăi bāsăna, swălpe tushti,
Nāi je kichhui nāi.

I have nothing.
I have nothing to show or tell.
I have no spirituality, no worship,
No meditation, no adoration, nothing.
Around me only are inner pangs and frustrations,
Dust, clay and ash.
I am satisfied with the world of matter and desire.
I am compelled to be satisfied with little,
    very little.
I have nothing.

Translated into English by Sri Chinmoy from his original Bengali poem "Nai Je Kichui Nai".

একটি কথা, একটি সুর, একী ঝঙ্কার!
নাম ধরে কে ডাকছে যেন, আমায় বারেবার।
কোথায় আছি, কোথায় যাবো, নাই যেন ঠিকানা।
ঘুমের ঘোরে করছি শুধু আমি বেচা-কেনা।
কত ভাঙ্গি, কতই গড়ি, কতই করি আশা।
হিয়া খানি ঢেকেছে মোর আঁধার সর্বনাশা!
আলোর পাখি, আলোর পাখি আবার এসো ফিরে।
জ্যোতির ধারা বহন করে, নামো আমার শিরে।
ডাক দিতেছো উর্ধে যেতে, যাবো কেমন করে?
বন্দী যে মোর পরাণ খানি একটি আঁধার ঘরে।
আলোর পাখি, আলোর পাখি, আলোর পাখি, আলো!
পরাণে আমার রেখোনা আর একটু আঁধার কালো।

Ekti kăthā, ekti sur, eki jhănkār,
Nām dhăre ke dākchhe jenă, āmāi bārebār.
Kothāi āchhi kothāi jābo, nāi jenă thikānā.
Ghumer ghore kărchhi shudhu āmi bechā kenā.
Kătă bhāngi, kătāi gări, kătāi kări āshā.
Hiyā khāni dhekechhe mor āñdhār sărbănāshā!
Ālor pākhi, ālor pākhi ābār eso phire,
Jyotir dhārā băhăn kăre, nāmo āmār shire.
Dāk ditechho urdhe jete, jābo kemăn kăre?
Băndi je mor părān khāni ekti āñdhār ghăre.
Ālor pākhi, ālor pākhi, ālor pākhi, ālo!
Prāne āmār rekhonā ār ektu āndhār kālo.

One thought, one tune, one resonance –
Who calls me ever and anon?
I know not where I am.
I know not whither I shall go.
In dark amnesia,
Myself I buy, myself I sell.
All I break, again all I build.
All I hope to be mine, mine alone.
Alas, my heart is eclipsed
By dark and wild destruction-night.

O Bird of Light, O Bird of Light,
With your glowing and flowing flames
Do enter into my heart once again.
You are calling me to climb up
And fly into the blue,
But how can I?
My heart is in prison,
In the strangled breath of a tiny room.
O Bird of Light, O Bird of Light,
O Bird of Light Supreme,
In me, I pray, keep not an iota of gloom.

Translated into English by Sri Chinmoy from his original Bengali poem "Ekti Katha Ekti Sur".

ভারত দুলাল, ভারত দুলালী
জাগিছে আবার অগ্নি-মন্ত্রে।
ওই যে বাজিছে ভারত মায়ের
আহবান গীতি গভীর মন্দ্রে।
নিখিল জানাবে ভারতে প্রনতি
বাজিবে ভারত বিজয়-ডংকা।
অগ্নি-পুজারী, জ্যোতির সেনানী
দূরীবো আমরা বিশ্ব-শংকা।
ভারত! ভারত! এ মহা ভারতে
রাজিবে অচিরে চরম শান্তি।
মিথ্যা, দৈন্য পাবে সমাপ্তি
ভারত হৃদয়ে ফুটিবে কান্তি।

Bhārăt dulāl bhārăt dulāli
Jāgichhe ābār ăgni-măntre.
Oi je bājichhe bhārăt māyer
Āhăbān giti găbhiră măndre.
Nikhil jānābe bhārăte prănăti,
Bājibe bhārată bijoy-dănkā.
Ăgni pujāri, jyotir senāni
Duribo āmără bishwă-shănkā.
Bhārăt! Bhārăt! E măhā bhārăte
Rājibe ăchire chărămă shānti.
Mithyā, dăinyă pābe sămāpti.
Bhārăt hridăye phutibe kānti.

The sons and daughters of India are
Arising again with incantation-fire.
The deep and sonorous notes are being played
To invoke Mother India.
To India the world shall offer its salutation.
Once again India's victory shall be proclaimed.
We are the soldiers of light and worshippers
    of the Fire-God.
Away we shall chase world-fear.
India, India, in this great land of Mother India,
Before long the Peace of the Beyond
Shall reign supreme.
Falsehood and emptiness forever shall end.
Beauty's light and delight shall blossom,
    grow and sport
In the love of India's heart.

Translated into English by Sri Chinmoy from his original Bengali poem "Bharat Dulal".

আঘাত হানি বারে বারে,
তাদের কোমল প্রাণে।
তবু আসে ডাকে আমায়,
ভালোবাসার গানে।
যতই তাদের দূরে ঠেলি,
ততই আপন হয়।
হে বিধাতা, আমার মাঝে
তাদের হউক জয়।

Āghāt hāni bāre bāre,
Tāder komăl prāne.
Tăbu āse dāke āmāi,
Bhālobāsār gāne.
Jătăi tāder dure theli,
Tătăi āpăn hoy.
He bidhātā, āmār mājhe
Tāder hauk joy.

I hurt them mercilessly.
Their soft and delicate hearts I hurt,
    I strike.
But they come back to me again and again
With the song of love.
The further I throw them
    out of my boundary,
The closer they come to me.
O Lord Supreme, may their victory alone
Be proclaimed in my heart.

Translated into English by Sri Chinmoy from his original Bengali poem "Aghat Hani Bare Bare".

আমার সকল আশা চূর্ণ করে
দাও শুধু মা একটি আশা।
সমর্পনের মাঝে যেন
লভি তোমার মৌন ভাষা।
শান্ত হবো, পূর্ণ হবো,
তোমার মুক্তনভে।
হিয়া পাখি নাচে আজি
আলোর মহোৎসবে।

Āmār săkăl āshā churnă kăre
Dāo shudhu mā ekti āshā:
Sămărpăner mājhe jenă
Lăbhi tomār măună bhāshā.
Shāntă hăbo, purnă hăbo,
Tomār muktă năbhe.
Hiyā pākhi nāche āji
Ālor măhotsăbe.

Break asunder all my hopes.
Only keep one hope,
And that hope is to learn
The language of Your inner Silence
In my utter, unconditional surrender.
In Your clear and free Sky
I shall be calm and perfect.
The bird of my heart is dancing today
In the festival of supernal Light.

Translated into English by Sri Chinmoy from his original Bengali poem "Amar Sakal Asha".

তোমার হাসি দেখতে গিয়ে পেলাম আমি ব্যথা।
কিছুই মাগো নাহি পেলাম – জ্যোতি, নীরবতা!
যোগ্যতা নাই তাই বুঝি মা রহো দূরে, দূরে?
তুমি বিনা সবই তিমির, আমার মানস পুরে।

Tomār hāsi dekhte giye pelām āmi byethā.
Kichhui māgo nāhi pelām – jyoti, nirăbătā!
Jogyătā nāi tāi bujhi mā răho dure dure?
Tumi binā săbi timir, āmār mānăs pure.

I went to see Your Smile,
But I received only sorrow, suffering and blows
from You.
I have got nothing, no light, no silence in me.
It seems I do not deserve anything.
That is why You are far, very far.
But I wish to tell You that without You
My life is a barren desert.
It is all darkness.

Translated into English by Sri Chinmoy from his original Bengali poem "Tomar Hasi Dekhte Giye".

হারি যদি মা তোর কাছে, সেইতো আমার জয়!
তোর হাতে মা যা দিয়েছি, তা শুধু সঞ্চয়।
আর বাকি সব মূল্যবিহিন, কেবল অপব্যয়,
পীড়াদায়ী পথের বোঝা, কাজের কিছুই নয়।
আত্মজ্ঞানের পরে আমার তোর কাছে মা হার,
হলে জানি পাবো আমি শ্রেষ্ট পুরস্কার।

Hāri jădi mā tor kāchhe, seito āmār joy!
Tor hāte mā jā diyechhi tā shudhu sănchoy.
Ār bāki săb mulyă-bihin, kebăl apăbyoy,
Pirādāyi păther bojhā, kājer kichhui noy.
Ātmăgyāner păre āmār tor kāchhe mā hār,
Hăle jāni pābo āmi shreshthă purăskār.

Mother, if I lose to You,
That is my only victory.
Whatever I have given into Your Hands
Is my only savings.
To me the rest is of no value,
A mere waste,
And it only tortures me and
Stands as a burden on my way.
I cannot put it to use.
When I lose to You,
After I have achieved
My full realisation,
I know my greatest reward I shall receive.

Translated into English by Sri Chinmoy from his original Bengali poem "Hari Jadi".

যাত্রী, যাত্রী, যাত্রী, যাত্রী, যাত্রী।
মোরা বিধাতার অসিমের পথ যাত্রী।
বাধার দুয়ার ভেংগেছি এবার,
ঘোর তমসার অবচেতনার
চির দূর্বার মৃত্যু ভীতির রাত্রি।
ডাকিছে তরণী আলোর ভোরের,
ভব কান্ডারি প্রেমের ডোরের,
মুক্তি দিশারি মহা অজানার সিন্ধু।
পীযূষ দেশের পরাণ জিনিয়া,
পরম প্রভুর পতাকা বহিয়া,
ফিরিবো আমরা রূপান্তরের বিন্দু।

Jātri jātri jātri jātri jātri!
Morā bidhātār ăsimer păthă jātri.
Bādhār duār bhengechhi ebār,
Ghor tămăsār ăbăchetănār
Chiră durbār mrityu bhitir rātri.
Dākichhe tărăni ălor bhorer,
Bhăbă-kāndāri premer dorer
Mukti dishāri măhā ăjānar sindhu.
Pijush desher părān jiniyā,
Părăm prabhur pătākā băhiyā,
Phiribo āmără rupāntărer bindu.

We are the pilgrims of the Lord Supreme
    On the Path of Infinity.
At this time we have broken asunder
    Obstruction's door,
We have broken asunder the night
    Of tenebrous darkness, inconscience
    And the eternal, indomitable fear of death.
The Boat of the supernal Light's Dawn
    Is beckoning us,
And the World-Pilot
    Of the hallowed bond of Love Divine
    Is beckoning us.
The Liberator's Hands are drawing us
To the Ocean of the great Unknown.
Having conquered the Life-Breath
Of the land of Immortality,
And carrying aloft the Banner
    of the Lord Supreme,
We shall return –
We, the drops and flames
    Of Transformation-Light.

Translated into English by Sri Chinmoy from his original Bengali poem "Jatri".

বিদায় বেলা হিয়ার খেলা
এবার শুরু হবে।
প্রেমের নিশান উড়বে আজি
বাঁধন হারা নভে।
রবি-শশী, অমর চেতন,
অসীমতার গোপন রতন,
বিশ্ব প্রভুর চরণ খানি,
দূর অমরার আশিস বাণী,
মুক্তি প্লাবন, সুধা নীলয়,
যুক্ত মোদের ভবে।

Bidāi belā, hiyār khelā
Ebār suru hăbe.
Premer nishān urbe āji
Bāñdhăn hārā năbhe.
Răbi-shăshi, ămăr chetăn,
Ăsimătār gopăn rătăn,
Bishwă prăbhur chărănă khāni,
Dur amărār āshish bāni,
Mukti plābăn sudhā niloy,
Juktă moder bhăbe.

It is Farewell Time.
The play of the heart will now begin.
The Banner of Divine Love
Will fly today in the boundless sky.
The sun, the moon,
The deathless consciousness,
Infinity's secret wealth,
The World-Lord's very Feet,
Far Heaven's blessing-message,
The flood of liberation,
The Abode of Divine Nectar,
All will be united in the heart of our world.

Translated into English by Sri Chinmoy from his original Bengali poem "Bidai Bela".

The Garden of Love-Light

PART II

প্রেমালোকের কানন

অধ্যায় ২

ও বুঝি কানু যায়
নুপূর দিয়ে পায়।
শুনি চরণ ধ্বনি,
দূরে উঠিছে রনি
যদি ফিরে তাকায়
রাখাল শুধু যায়।
ও বুঝি কানু যায়,
নয়ন যেন ধায়
যে পথে কানু রায়,
গোধুলি বেলা শেষে
মধুর হাসি হেসে,
গোধন নিয়ে যায়।

O bujhi kānu jāi
Nupur diye pāi.
Shuni chărăn dhwăni,
Dure uthichhe răni,
Jădi phire tākāi,
Rākhāl shudhu jāi.
O bujhi kānu jāi,
Năyăn jenă dhāi
Je păthe kānu rāi,
Godhuli belā sheshe
Mădhur hāsi hese,
Godhăn niye jāi.

There goes my Beloved, my sweet Lord,
    the anklets ringing on His Feet.
I hear the music of His Flute
    vibrating through the horizons.
If ever my cowherd boy should cast a glance
    behind Him, still He only goes forward.
Let my eyes follow the track
    my Beloved treads.
In the twilight hour of the day,
    with a sweet and serene smile,
Leading the herds of varied light,
My cowherd boy goes.

Translated into English by Sri Chinmoy from his original Bengali poem "O Bujhi Kanu Jai".

বড়ই বোকা তুমি প্রিয়, বড়ই তুমি বোকা।
কেন তুমি থাকতে চাহো চিরকাল ওই খোকা?
এই অবনী সৃজন করে, দিলে কাহার হাতে?
অশ্রু ঝরে নিত্য মোদের অজ্ঞ্যানতার রাতে।

Bărăi bokā tumi priyă, bărăi tumi bokā.
Kenă tumi thākte chāho chirăkāl oi khokā?
Ei abăni srijăn kăre dile kāhār hāte?
Ăshru jhăre nityă moder ăgyānătār rāte.

You are a great fool indeed,
You are a great fool, O Lord.
Why do You want to remain eternally a babe?
After creating this world, to whom
Have You given the responsibility?
Day in and day out we shed bitter tears
in the night of ignorance.

Translated into English by Sri Chinmoy from his original Bengali poem "Barai Boka".

নীল পাখি হাসে হৃদয় গভীরে, নীল পাখি করে খেলা।
সবারে ডাকিছে লাবন্য রূপ, আনন্দঘন মেলা।
সূর্য, চন্দ্র এসেছে সবাই, এসেছে বারিধি, গিরি।
অসীমের ডাকে চলে যাবো মোরা, সম্মুখে জ্যোতির সিঁড়ি।
হৃদয় মোদের আলোর কুসুম, আমরা প্রভুর আশা।
বিশ্ব স্রষ্টা নহে আর কিছু, আমাদের ভালোবাসা!

Nil pākhi hāse hridăy găbhire, nil pākhi kăre khelā.
Săbāre dākichhe lāvănya rup, anănda-ghănă melā.
Suryă, chăndră esechhe săbāi, esechhe bāridhi, giri.
Ăsimer dāke chăle jābo morā, sămukhe jyotir siñri.
Hridăy moder ālor kusum, āmăra prăbhur āshā.
Bishwă srăshtā năhe ār kichhu, āmāder bhālobāsā.

In the depths of my heart the blue bird smiles
    and the blue bird plays.
The festival of lustre-form and
    celestial delight is inviting everyone.
The sun, the moon, the mountains
    and the ocean all have come.
Today we shall listen to the call of Infinity.
We shall run towards Infinity.
Right in front of us is the ladder of Light.
Our hearts have become the flower
    of Light Divine.
We are the hope of our Lord Supreme.
The World-Creator is none other than our love.

Translated into English by Sri Chinmoy from his original Bengali poem "Nil Pakhi".

কত গান আমি গেয়েছি ধরায়, কত গান আজো বাকি।
ভিতরে বাহিরে সঙ্গীত মাঝে, আমারে খুঁজিয়া থাকি।
গভীর ব্যথায় কাঁদে হিয়া মোর, স্বরূপের দেখা নাই।
সুবিশাল এই ভবপারাবারে, আমি যে ভাসিয়া যাই।

Kătă gān āmi geyechhi dhărāi, kătă gān ājo bāki.
Bhităre bāhire săngit mājhe, āmare khunjiyā thāki.
Găbhir byethāi kānde hiyā mor, swăruper dekhā nāi.
Subishāl ei bhăbă-pārābāre, āmi je bhāsiyā jāi.

How many songs have I sung?
How many more have I still to sing
    here on earth?
Within and without I have been
Searching for myself through my songs.
With deep pangs my heart cries,
My self-form is not visible yet.
In the vast life-ocean,
    I am floating all alone.

Translated into English by Sri Chinmoy from his original Bengali poem "Kata gan".

যোগ্যতা মোর নাই।
অধিক স্নেহ তাইতো পেতে চাই।
গুনীর আদর সবাই করে,
যোগীর চরণ সবাই ধরে,
আমার মত গুনহীনের লাগি
মায়ের আঁখি সদাই থাকে জাগি।
একটু হাসি, বিশেষ স্নেহ
না পেলে যার নয়,
তাহার কাছে খুঁজলে পাবে
আমার পরিচয়।

Jogyătā mor nāi.
Ădhik snehă tāită pete chāi.
Gunir ādăr săbāi kăre,
Jogir chărăn săbāi dhăre,
Āmār măto gunăhiner lāgi
Māyer āñkhi sădāi thāke jāgi.
Ektu hāsi, bishesh snehă
Nā pele jār noy,
Tāhār kāchhe khunjle pābe
Āmār părichoy.

No capacity have I, no merit have I.
Therefore I cry for more, for much affection,
    much love from You.
Everyone appreciates and admires
    the man of capacity.
Everyone touches the feet of a Yogi.
It is for a man like me who has no capacity
That the Eyes of the Mother are eternally awake.
All you will know about me; ask Her who I am.
Without Her affection and love,
I do not exist.

Translated into English by Sri Chinmoy from his original Bengali poem "Jogyata mor nai".

আমার গানে দাও মা সাড়া তাইতো গাহি গান।
তোমার স্নেহ জানি মাগো নিত্য অফুরান।
তোমায় যবে ভুলে যাই মা বড়ই অভিমানে,
কৃপা তোমার, শান্তি তোমার, তবু মোরে টানে।
তুমি আমার সিন্ধু মাগো, আমি তোমার বিন্দু।
মোরা তোমার লীলার সাথি – তারা, রবি, ইন্দু!

Āmār gāne dāo mā sārā tāito gāhi gān.
Tomār snehă jāni māgo nityă ăphurān.
Tomāi jăbe bhule jāi mā bărăi ăbhimāne,
Kripā tomār, shānti tomār, tăbu more tāne.
Tumi āmār sindhu māgo, āmi tomār bindu.
Morā tomār lilār sāthi – tārā, răbi, indu.

Mother, You respond to my song;
Therefore I sing.
Your Affection is boundless, Mother, I know.
Even when I forget You through my sulking,
Your infinite Compassion and Peace
  draw me towards You.
You are my ocean, Mother;
  I am Your tiniest drop.
The stars, the moon and the sun,
We are all Your eternal companions
  in Your Cosmic Game.

Translated into English by Sri Chinmoy from his original Bengali poem "Amar Gane Dao Ma Sara".

আমায় আমি জানতে গিয়ে নিত্য করি ভুল।
ভুলে ভুলে জীবন গেল, দেখিনা হায় কুল।
সময় হলে স্বরূপ আমার, মা জানাবে মোরে।
তবু কেন বাঁধি আমায় চঞ্চলতার দোরে?

Āmāi āmi jānte giye nityă kări bhul.
Bhule bhule jibăn gelă, dekhinā hāi kul.
Sămoy hăle swărup āmār, mā jānābe more.
Tābu kenă bāñdhi āmāi chănchălătār dore?

I commit constant mistakes while looking for
myself, my true form.
One mistake after another; my entire life
is full of mistakes.
Alas, I do not see the shore, the Golden Shore.
Yet I know that when the hour strikes,
My Mother will show me my true form.
Alas, why then do I bind myself
with the cord of wild restlessness?

Translated into English by Sri Chinmoy from his original Bengali poem "Amai Ami Jante Giye".

একটি কথা মনে পড়ে, একটি শুধু কথা।
কে আমারে দিলো মাগো মলীন বাচালতা?
সাথি আমার ছিল মাগো, তোমার নিরবতা,
কে নিলো মা কেড়ে আমার হিয়ার প্রফুল্লতা?

Ekti kăthā măne păre, ekti shudhu kăthā.
Ke āmāre dilă māgo mălin bāchālătā?
Sāthi āmār chhilă māgo tomār nirăbătā,
Ke nilă mā kere āmār hiyār prăphullătā?

Only one thought flashes across my mind,
    only one thought:
Who has given me such
 Impure power of talkativeness,
    this meaningless babble?
Mother, I know my only companion was silence.
Who has taken that silence away from me,
    Mother,
And who has taken away the cheerfulness
    of my heart?

Translated into English by Sri Chinmoy from his original Bengali poem "Ekti Katha Mane Pare".

বাহিরে আমার অনেক অরাতি, ভিতরে কেবল শান্তি।
বাহির আমায় করেছে পাগল, ভিতর ভেঙ্গেছে ভ্রান্তি।
ধ্বংশ দুয়ার খুলে দিয়ে যায়, বাহির আসিয়া কাছে।
ভিতরে আমার চির সুন্দর, চির অনন্ত নাচে।

Bāhire āmār ănek ărāti, bhităre kebăl shānti.
Bāhir āmāi kărechhe pāgăl, bhităr bhengechhe bhrānti.
Dhwăngsă duār khule diye jāi, bāhir āsiyā kāchhe.
Bhităre āmār chiră sundără, chiră ănăntă nāche.

Many foes have I without;
Within, only Peace.
The outer world has turned me mad.
The inner world has smashed
    the mountain of my errors.
The outer world, coming near me,
    has opened the door of destruction.
In my inner world, the ever-beautiful,
    the Eternal Infinite, is dancing.

Translated into English by Sri Chinmoy from his original Bengali poem "Bahire Amar Anek Arati".

এবার আমি শান্ত হব মন-কাননের মাঝে।
তোমার দেখা না পেলে মা, মরবো আমি লাজে।
উর্ধে আমার সুনীল আকাশ, নিম্নে বিশাল ধরা।
কোথাও তোমার পাইনা দেখা, ওগো দুঃখহরা।

Ebār āmi shānto hăbo măn-kānăner mājhe.
Tomār dekhā nā pele mā, mărbo āmi lāje.
Urdhe āmār sunil ākāsh, nimne bishāl dhără.
Kothao tomār pāina dekhā, ogo dukhăhără.

This time I shall be silent.
In the grove of my mind,
If I do not see You, Mother,
I shall die in embarrassed shame.
Above me is the blue welkin,
Below me is the vast earth.
O remover of sorrows,
Alas, I cannot see You anywhere.

Translated into English by Sri Chinmoy from his original Bengali poem "Ebar Ami Shanto Habo".

সীমা যদি হায় অসীমের প্রাণ নাহি বাসে কভু ভালো,
অসীমের প্রাণ কেমনে নাশিবে, সীমার মানস কালো?
অন্তরতমে যে ডাকেনা কভু, যে রহে নিয়ত দূরে,
জীবন যে তার হবে বিলুপ্ত মিথ্যা দৈন্য পূরে।

Simā jădi hāi ăsimer prān nāhi bāse kăbhu bhālo,
Ăsimer prān kemăne nāshibe simār mānăs kālo?
Ăntărătăme je dākenā kăbhu, je răhe niyătă dure,
Jibăn je tār hăbe biluptă mithyā dăinyă pure.

Alas, if the finite never loves the Infinite,
How can the Infinite destroy
    the darkness in the mind of the finite?
He who does not invoke the Inner Pilot
    and always remains afar,
His life is bound to be lost
    in the city of falsehood and destitution.

Translated into English by Sri Chinmoy from his original Bengali poem "Sima Jadi Hai".

আমি যে আমায় করেছি সৃজন, আমার তৃপ্তি লাগি।
আমি আমার আত্মার সখা, আমি মোর অনুরাগী।
আমার সৃষ্টি বাঁধে মোরে নিরবধি,
মুক্তির গীতি গাহে তবু হিয়া নদী।
শতত আমার লক্ষের সুধা, মোর পদতলে মাঁগি।

Āmi je āmāi kărechhi srijăn, āmār tripti lāgi.
Āmi āmār ātmār săkhā, āmi mor ănurāgi.
Āmār srishti bāñdhe more nirăbădhi,
Muktir giti gāhe tăbu hiyā nădi.
Shătătă āmār lăkkhyer sudhā, mor pădătăle magi.

It is I who have created myself
for my own satisfaction.
I am the comrade of my soul.
It is I who am enamoured of my life.
My creation binds me at every moment,
Yet the river of my heart sings
the song of liberation.
It is I who implore the nectar
of my Goal at my feet.

Translated into English by Sri Chinmoy from his original Bengali poem "Ami Je Amai Karechhi Srijan".

দেখা দাও মোরে দেখা দাও আরবার!
চৌদিকে মোর তিমির অশ্রুধার।
দেখা দাও মোরে দেখা দাও আরবার!
এ হিয়া এবার সমর্পনের হার।
দেখা দাও মোরে দেখা দাও আরবার!
প্রশান্ত হবে ঘোর প্রাণ দূর্বার।
দেখা দাও মোরে দেখা দাও আরবার!
পূজিতে তোমায় দাও মোরে অধিকার।

Dekhā dāo more dekhā dao ārbār!
Chăudike mor timir ăshrudhār.
Dekhā dāo more dekhā dāo ārbār!
E hiya ebār sămărpăner hār.
Dekhā dāo more dekhā dao ārbār!
Prăshāntă hăbe ghor prān durbār.
Dekhā dāo more dekhā dao ārbār!
Pujite tomāi dāo more ădhikār.

Once more do come and appear before me.
Around me is all darkness and the flow of tears.
Once more do come and appear before me.
This heart of mine is now the garland of surrender.
Once more do come and appear before me.
This restless, wild, indomitable, dark, vital breath
of mine will be silent.
Once more do come and appear before me.
Do give me the right to worship You,
You alone.

Translated into English by Sri Chinmoy from his original Bengali poem "Dekha Dao More".

সে যে গান গেয়ে যায়, গান গেয়ে যায়,
আমার হৃদয় দ্বারে।
ডাকে আমার আশার প্রাণে,
প্রেমের পারাবারে।
সে যে গান গেয়ে যায়, গান গেয়ে যায়,
আমার হৃদয় দ্বারে।
ভূবন আমার রইবেনা আর
মোহের কারাগারে।

Se je gān geye jāi, gān geye jāi,
Āmār hridăy dwāre.
Dāke āmār āshār prāne
Premer pārābāre.
Se je gān geye jāi, gān geye jāi,
Āmār hridăy dwāre.
Bhubăn āmār răibenā ār
Moher kārāgăre.

Ah, there He goes, singing around my heart's door.
He calls my heart of hope to enter into
    His Ocean of Love.
Ah, there He goes, singing around my heart's door.
My world will no longer remain
    in the prison-cell of attachment and self-delusion.
Ah, there He goes, singing around my heart's door.

Translated into English by Sri Chinmoy from his original Bengali poem "Se Je Gan Geye Jai".

হে যোগীরাজ এবার আমার পালা!
লহো আমার সমর্পনের মালা।
হিয়া-বনে দিশাহারা,
তোমার হাসি ধ্রুবতারা।
এসো, এসো। তুমি বিনা
এই জীবনের চিত্তবীণা
বাজবেনা হায়, জানি আমি জানি।
তাইতো তোমায় বক্ষে আমার টানি।

He jogirāj ebār āmār pālā!
Lăho āmār sămărpăner mālā.
Hiyā-băne dishāhārā,
Tomār hāsi dhrubătārā.
Eso eso. Tumi binā
Ei jibăner chittă-binā
Bājbenā hāi, jāni āmi jāni.
Tāito tomāi băkkhe āmār tāni.

O Yogi of the highest magnitude, now it is my turn.
Do accept the garland of my total surrender.
In the forest of my heart I am lost totally,
But there I see the smile of your pole-star.
Come, come. Without you the vina of my heart
Will never offer its music, I know, I know.
Therefore I draw you into my bosom.
O Yogi of the highest magnitude, now it is my turn.

Translated into English by Sri Chinmoy from his original Bengali poem "He Jogiraj Ebar Amar Pala".

হে যোগীরাজ দিক্ষা আমায়
দাওগো আজি দিক্ষা।
রূপান্তরের অমর বাণী
পাবো আজি শিক্ষা।
ঘুরবোনা আর দূরে দূরে,
নাচবো শুধু হৃদয় পূরে।
গাইবো গীতি প্রেমের সুরে,
দেখবো আমায় প্রাণ মুকুরে।
নিরবতার লাগি আমি মাগি আজি ভিক্ষা।

He jogirāj dikkhā āmāi
Dāogo āji dikkhā.
Rupāntărer ămăr bāni
Pābo āji shikkhā
Ghurbonā ār dure dure,
Nāchbo shudhu hridăy pure.
Gāibo giti premer sure,
Dekhbo āmāi prān mukure.
Nirăbătār lāgi āmi māgi āji bhikkhā.

O Yogi of the highest magnitude, initiate me.
Today offer me your initiation.
Today I shall learn the immortal message
    of transformation from you.
I shall not wander any more
    in the farthest corners of the world.
I shall only dance in the city of the heart.
Inside the city of my heart I shall sing songs
    of Love Divine
And I shall see myself in the mirror
    of my sanctified heart.
Today I beg of you to offer me only one thing:
    silence, silence.
O Yogi of the highest magnitude, initiate me today.

Translated into English by Sri Chinmoy from his original Bengali poem "He Jogiraj Dikkha Amai".

মৃত্যু এসেছে দ্বারে।
দূরে চলে যাও, দূরে চলে যাও
বলি আজি মোরা তারে।
বিধাতার গীতি গাহিবার লাগি
রহিবো ধরায় মোরা সদা জাগি।
জ্যোতির সাধক, জ্যোতির সাধিকা,
অগ্নি প্রেমিক, অগ্নি প্রেমিকা
আমরা নাশিবো শমন অশনি
পূর্ণতা পারাবারে।

Mrittyu esechhe dwāre.
Dure chăle jāo, dure chale jāo
Băli āji morā tāre.
Bidhātār giti gāhibār lāgi
Răhibo dhărāi morā sădā jāgi.
Jyotir sādhăk, jyotir sādhikā,
Ăgni premik, ăgni premikā,
Āmărā nāshibo shămăn ăshăni
Purnătā pārābāre.

Death has approached our door.
We tell death to go away.
We tell death we sing the song of the Lord Supreme.
Here on earth we shall live, and divinely awakened
 we shall remain on earth.
We worshippers of Light, we lovers of Fire,
Shall destroy the thunder of death
 in the ocean of infinite fulfilment.
Death has approached our door today.

Translated into English by Sri Chinmoy from his original Bengali poem "Mrittyu Esechhe Dware".

আমায় রাখো তোমার ঘরে
আপন করে, আপন করে।
আমায় রাখো তোমার প্রাণে,
মুক্তি শিখার দীপ্ত গানে।
আমায় রাখো তোমার নভে,
তুমি কেবল আমার ভবে।
আপন করে, আপন করে –
আমায় লহো মন্ত্রবরে।

Āmāi rākho tomār ghăre
Āpăn kăre, āpăn kăre.
Āmāi rākho tomār prāne,
Mukti shikhār diptă gāne.
Āmāi rākho tomār năbhe,
Tumi kebăl āmār bhăbe.
Āpăn kăre, āpan kăre –
Āmāi lăho măntrăbăre.

Do keep me in Your home, in Your room,
as Your very own.
Keep me in Your Heart with the illumined songs
of liberation-flame.
Keep me in Your Heart, keep me in Your Sky.
You only are in my world.
Make me dear to You and make me Your very own.
Accept me with the boon of magic incantation.

Translated into English by Sri Chinmoy from his original Bengali poem "Amai Rakho Tomar Ghare".

ওই যে দূরে শুনি নূপুর ধ্বনি!
কে যেন ওই চলছে পথে - কাহার আগমনি?
মনে পড়ে শ্যামা মায়ের কথা,
ভুলে গেছি প্রাণের যত ব্যাথা।
মা বুঝি ওই যায় !
নাম ধরে আজ ডাকছে আমায় –
আয়, আয়, আয়!

Oi je dure shuni nupur dhwăni!
Ke jenă oi chălchhe păthe – kāhār āgămăni?
Măne păre shyāmā māyer kăthā,
Bhulegechhi prāner jătă byāthā.
Mā bujhi oi jāi!
Nām dhăre āj dākchhe āmāi – 'āi, āi, āi.'

Yonder whose ankle bells do I hear tinkling?
Who is walking along there?
Whose divine Arrival?
My mind now remembers my divine Mother Kali,
And now I have forgotten all my heart's pangs.
It seems that my Mother is moving around
    and calling me by name.
She says: "Come, come, My child, come."

Translated into English by Sri Chinmoy from his original Bengali poem "Oi Je Dure".

না হয় কিছু না-ই হলো,
আমায় দিয়ে বিশেষ কিছু
এবার না হয় না-ই হলো।
হলে পথের অনু-রেণু,
পায়ে দলে যাবে ধেনু,
দুঃখ করে কান্না কি তাই ভালো?
না হয় কিছু না-ই হলো,
এ জীবনে বিশেষ কিছু
আমায় দিয়ে নাই হলো!

Nāhoi kichhu nāi hălo,
Āmāi diye bishesh kichhu
Ebār nāhoi nāi hălo.
Hăle păther ănu-renu,
Pāye dăle jābe dhenu,
Dukkhă kăre kānnā ki tāi bhālo?
Nāhoi kichhu nāi hălo,
E jibăne bishesh kichhu
Āmāi diye nāi hălo.

Granted, nothing is done,
Nothing special is accomplished by me
    in this incarnation.
If I were to become dust and pollen of the earth
    for the cows to trample upon,
Would it even then be worth my while
    to sorrowfully cry and weep?

Translated into English by Sri Chinmoy from his original Bengali poem "Nahoi Kichhu Nai Halo".

আমার ভুবন তোমার চরণ লাগি।
আমার জীবন তোমার স্বপন লাগি।
ওগো অসীমের নিরবতা,
ওগো দ্যুলোকের অমরতা,
এসো, এসো, এসো -
এ হিয়া রয়েছে জাগি!

Āmār bhubăn tomār chărăn lāgi.
Āmār jibăn tomār swăpăn lāgi.
Ogo ăsimer nirăbătā,
Ogo dyuloker ămărătā,
Eso, eso, eso –
E hiyā răyechhe jāgi.

My world is for Your Feet.
My life is for Your Dream.
O Silence of Infinity,
O Immortality of Heaven,
Come, come, come.
This heart remains awake.

Translated into English by Sri Chinmoy from his original Bengali poem "Amar Bhuban Tomar Charan".

দেশে-দেশে ঘুরে বেড়াই দেশে-দেশে,
প্রেমের শিখা বহন করে হেসে-হেসে।
সকল দেশের গোপন কথা,
সকল প্রাণের ব্যাকুলতা,
এক হলো আজ অসীম পথে,
আলিঙ্গনে আলোর ব্রতে -
হিয়া তরীর মাঝি, তোমায় ভালবেসে।

Deshe-deshe ghure berāi deshe-deshe,
Premer shikhā băhăn kăre hese-hese.
Săkăl desher gopăn kăthā,
Săkăl prāner byākulătā
Ek hălo āj ăsim păthe,
Ālingăne ālor brăte,
Hiyā tărir mājhi tomāi bhālobese.

From country to country we roam,
Carrying the flame of Love Divine,
Smiling and smiling.
The secret thought of each country
    and the yearning of each life
Here become one.
On the road of Infinity,
In the embrace of the covenant
    of the Light Supreme,
O Boatman of our Heart-Boat,
By loving You, we do all this.

Translated into English by Sri Chinmoy from his original Bengali poem "Deshe Deshe".

আমার কথা ভাবি কেবল
তাই পরাণে ব্যাথা।
কেমনে হায় হাসবে মনে
মধুর নিরবতা?
ভাবি কেবল মন্দ আমায়,
আমি আমার অরি।
নেমি হিয়ায় তোমায় প্রভু,
নিত্য যেন স্মরি!

Āmār kăthā bhābi kebăl
Tāi părāne byāthā.
Kemăne hāi hāsbe măne
Mădhur nirăbătā?
Bhābi kebăl măndă āmāi,
Āmi āmār ări.
Nemi hiyāy tomāi prăbhu,
Nityă jenă smāri.

I always think about myself,
That is why my heart is full of pangs.
Alas, how can sweet silence smile in my mind?
I always think ill of myself.
I am my only enemy.
With a sanctified heart,
May I always remember You,
   my Lord Supreme.

Translated into English by Sri Chinmoy from his original Bengali poem "Amar Katha Bhabi Kebal".

আরো আপন করে নেবে,
আমায় ঢেলে দেবে
তোমার যত রতন-বিভব,
আমায় ঢেলে দেবে।
তাই বুঝি মা রাখো দূরে ঠেলে,
যাচ্ছো অবহেলে,
আপন হাতে গড়বে বলে
যাচ্ছ অবহেলে?

Āro āpăn kăre nebe,
Āmāi dhele debe,
Tomār jătă rătăn-bibhăb
Āmāi dhele debe.
Tāi bujhi mā rākho dure thele,
Jāchhă ăbăhele?
Āpăn hāte gărbe băle
Jāchhă ăbăhele?

You will make me closer
And pour all Your inner Wealth into me.
Is that the reason, Mother,
Why You have cast me aside
    and are ignoring me?
You will shape me with Your own Hand;
That is why right now
    You are ignoring me so much.

Translated into English by Sri Chinmoy from his original Bengali poem "Aro Apan Kare Nebe".

একলা আমি তোমার কাছে
যাবোনা মা, যাবোনা।
একলা আমি তোমায় কভু
বাঁধবো না মা, বাঁধবো না।
তোমার হিয়ার মৌন ভাষা,
এই ধরনীর দিপ্ত আশা,
তোমার প্রাণের প্রেমের ধারা,
মোদের লাগি বাঁধন হারা।
একলা আমি তোমার কাছে
যাবো না মা যাবো না,
সবার সাথে তোমায় পাবো
এই শুধু মোর সাধনা।

Eklā āmi tomār kāchhe
Jābonā mā, jābonā.
Eklā āmi tomāi kăbhu
Bāñdhbonā mā, bāñdhbonā.
Tomār hiyār măună bhāshā,
Ei dhărănir diptă āshā,
Tomār prāner premer dhārā
Moder lāgi bāñdhăn hārā.
Eklā āmi tomār kāchhe
Jābonā mā, jābonā,
Săbār sāthe tomāi pābo
Ei shudhu mor sādhănā.

Alone I shall not go to You, Mother, I shall not go.
Alone I shall not bind You, I shall not bind You.
Your Heart's silence-language,
    the illumined hope of this world,
And Your Heart's Nectar-flow
Are always boundless for us.
Alone I shall not go to You, Mother, I shall not go.
With all I shall get You:
This is my life's only aspiration, only meditation,
    only Goal.

Translated into English by Sri Chinmoy from his original Bengali poem "Ekla Ami Tomar Kachhe".

আমার পরাণে তোমার ভাবনা,
তোমার পরাণে আমার যাতনা।
আমার জীবনে তোমার স্বপন,
তোমার জীবনে আমার শাসন।
আমি যে তোমার করুণা বিন্দু,
ওগো অসীমের অমিয় সিন্ধু।
এসো, এসো মোর আঁধিয়ার ঘরে,
বাঁধো মোরে আজি মুক্তির ডোরে।

Āmār părāne tomār bhābănā,
Tomār părāne āmār jātăna.
Āmār jibăne tomār swăpăn,
Tomār jibăne āmār shāshăn.
Āmi je tomār kăruṇā bindu,
Ogo ăsimer ămiyă sindhu!
Eso, eso mor āñdhiyār ghăre,
Bāñdho more āji muktir dore.

Your Thoughts divine are in my heart.
In Your Heart, my pangs and my sufferings.
In my life is Your Dream.
In Your Life I am the constant torture.
I am the tiniest drop of Your Compassion.
O Nectar-Ocean of Infinity,
Come, come into my dark room
And bind me with Your cord of Liberation.

Translated into English by Sri Chinmoy from his original Bengali poem "Amar Parane Tomar Bhabana".

একবার শুধু বলো -
তুমি যে আমার আমি যে তোমার,
একবার শুধু বলো!
তব প্রেমসুধা হাসি
জীবনের সাথি, মরণের ভাতি।
স্বর্গে মর্ত্যে বলো -
অন্তর মম, তব প্রিয়তম!

Ekbār shudhu bălo –
Tumi je āmār āmi je tomār,
Ekbār shudhu bălo!
Tăbă premă-sudhā hāsi
Jibăner sāthi, mărăner bhāti.
Swărge mărtye bălo –
Ăntără mămă, tăbă priyătămă!

Tell me only once that You are mine
    and I am Yours.
Your Smile of Love-Nectar
Is the Companion of my life
    and the Light of my death.
In Heaven and on earth, tell me only once
That my heart is Your Beloved Supreme.

Translated into English by Sri Chinmoy from his original Bengali poem "Ekbar Shudhu Balo".

এই জীবনে মহানন্দের
হলো আজি পূত ভোর।
আলোকের সাথে মিতালি করেছি,
নাহি আর অমাঘোর।
আশা সিন্ধুর পরপারে,
হেরি তুরীয় ধামের তরী।
হৃদয় গভীরে অরুন চরণে
বন্দিনি সর্বরী।

Ei jibăner măhānănder
Hălo āji pută bhor.
Āloker sāthe mitāli kărechhi,
Nāhi ār ămā-ghor.
Āshā sindhur părăpāre,
Heri turiyă dhāmer tări.
Hridăy găbhire ărun chărăne
Băndini shărbări.

Today the hallowed hour of highest Delight
    has dawned in this life.
Today I have made friends
    with the Light of the Supreme.
Darkness no more, darkness nowhere.
Beyond the river of hope I see
    the Boat of the Transcendental Realm.
The night of aeons is captured
And its surrender is made
    in the deepest depths of my heart,
At the feet of my inner sun.

Translated into English by Sri Chinmoy from his original Bengali poem "Ei Jibaner Mahanander".

জাগিছে বিশ্বনাথ, অসুন্দর প্রাণে।
চলিলাম শাস্বতের অহনা সন্ধানে।

Jāgiyāchhe bishwănāth, ăsundăr prāne.
Chălilām shāshwăter ăhănā săndhāne.

The Lord of the Universe is awakened
Inside the heart of ugliness itself.
Now towards the Eternal Dawn I march,
I run towards the Eternal Dawn.

Translated into English by Sri Chinmoy from his original Bengali poem "Jagiyachhe Bishwanath".

তোমার ভুবন, আমার ভবন,
আমার ভুবন, তোমার চরণ।
আমার বেদনা, আমার যাতনা,
আমার কামনা, আমার সাধনা,
তোমার প্রেমের সাগরে বান্ধিবে,
তব জয়মালা গোপনে গাঁথিবে।

Tomār bhubăn āmār bhăbăne,
Āmār bhubăn tomār chărăne.
Āmār bedănā āmār jātănā,
Āmār kāmănā āmār sādhănā,
Tomār premer sāgăre bāñdhibe,
Tăbă jăyă mālā gopăne gāñthibe.

Your World is in my tiny room.
My world is at Your Feet.
My pangs and sufferings,
My desires and my spiritual disciplines
Will bind Your Ocean of Love Divine.
In silence and in secret,
They will weave You a garland of Victory.

Translated into English by Sri Chinmoy from his original Bengali poem "Tomar Bhuban Amar Bhabane".

তব শ্রীচরণ, মম আরাধন।
তব দরশন, মম হরষন।
তব পরশন, মম নব মন।
তব আলো ধন, মম নিকেতন।

Tăbă sri chărăn, mămă ārādhăn,
Tăbă dărăshăn, mămă hărăshăn.
Tăbă părăshăn, mămă năbă măn.
Tăbă ālo dhăn, mămă niketăn.

My supreme adoration is Your Feet.
Your very sight is my delight.
Your very touch is my new mind,
And Your Light of infinite Wealth
Is my true home.

Translated into English by Sri Chinmoy from his original Bengali poem "Taba Sri Charan".

ক্ষমা করো, ক্ষমা করো
এই শেষ বার!
সমর্পিব জয় মাল্য চরণে তোমার।
আমি তব অসীমের মৌন বরাভয়।
তুমি সিন্ধু, আমি বিন্দু, মোর পরিচয়।

Khămā kăro, khămā kăro ei sheshbār!
Sămărpibo jăyă mālyă chărăne tomār.
Āmi tăbă ăsimer măună bărābhoy.
Tumi sindhu, āmi bindu, mor părichoy.

Forgive me, forgive me.
This is the last time, forgive me.
I shall offer to You at Your Feet
The garland of Victory.
I am the silent compassion of Your Infinity.
You are the Ocean, I am the tiniest drop.
This is my only identification.

Translated into English by Sri Chinmoy from his original Bengali poem "Khama Karo".

জানার আগে তোমায় আমি হেনেছি,
পাবার আগে তোমায় আমি জেনেছি।
দেবার আগে তোমায় আমি পেয়েছি,
তাইতো তোমায় মোর আমিরে সঁপেছি।

Jānār āge tomāi āmi henechhi,
Pābār āge tomāi āmi jenechhi.
Debār āge tomāi āmi peyechhi,
Tāito tomāi mor āmire săñpechhi.

Before I knew You, I struck You.
Before I received You, I knew You.
Before I gave myself to You, I received You.
Therefore to You I have offered,
    sacrificed and surrendered
My ego-reality's existence.

Translated into English by Sri Chinmoy from his original Bengali poem "Janar Age".

পূর্ণতার চিডাকাশে হেরিয়া আমারে,
বিধাতার জয়ধ্বনি ডাকিছে সবারে।

Purnătār chidākāshe heriyā āmāre,
Bidhātār jăyădhwăni dākichhe săbāre.

Seeing me in the consciousness-sky
of infinite Fulfilment,
The Victory of my Supreme Pilot
is inviting all humanity.

Translated into English by Sri Chinmoy from his original Bengali poem "Purnatar Chidakashe Heriya Amare".

তোমার হবে জয়
যেদিন আমার হিয়া নভে,
নহে উড়ে ভয়।
আমার হবে জয়,
আলোর দেশে যেদিন হবে
আমার আমির লয়।

Tomār hăbe joy
Jedin āmār hiyā năbhe,
Năhe ure bhoy.
Āmār hăbe joy,
Ālor deshe jedin hăbe
Āmār āmir loy.

Your Victory will dawn
The day fear does not fly
    in my heart's sky.
My victory will dawn
The day my I-ness is extinguished
    in the realm of Light.

Translated into English by Sri Chinmoy from his original Bengali poem "Tomar Habe Joy".

আমি তোমার ফুল, তুমি আমার কুল।
আমি তোমার ধেণু, তুমি আমার বেনু।
আমি তোমার গান, তুমি আমার প্রাণ।
আমি তোমার ক্ষমা, তুমি আমার রমা।

Āmi tomār phul, tumi āmār kul.
Āmi tomār dhenu, tumi āmār benu.
Āmi tomār gān, tumi āmār prān.
Āmi tomār khămā, tumi āmār rămā.

I am Your flower.
You are my Shore, Golden Shore.
I am Your divine cow.
You are my Flute, Divine Flute.
I am Your song, celestial song.
You are my Life, Eternal Life.
I am Your forgiveness.
You are my Beauty, Inner Beauty.

Translated into English by Sri Chinmoy from his original Bengali poem "Ami Tomar Phul".

সবার শেষে ডাক দিয়েছো, সবার শেষে দেখা,
তবু আমার লক্ষ হোক, তোমার পদরেখা।
পূর্বে যারা যাবে যেথায়, আমিও সেথা যাবো,
অশেষ তব শান্তি-সুধা, সবাই মিলে পাবো।

Săbār sheshe dāk diyechho, săbār sheshe dekhā,
Tăbu āmār lăkkhyă hok, tomār pădă-rekhā.
Purbe jārā jābe jethāi, āmio sethā jābo,
Ăshesh tăbă shānti-sudhā, săbai mile pābo.

You have called me after everyone else;
You have seen me last.
Yet let my only aim be to reach Your Feet.
I know I have the same destination
    as the others who have reached You.
Your infinite Peace and Nectar
We shall drink together.

Translated into English by Sri Chinmoy from his original Bengali poem "Sabar Sheshe Dak".

জীবনের ভোরে চেয়েছি তোমারে,
মরণের সাঁঝে পেয়েছি।
অন্তর ভেলা, আলো পারাবারে,
সকল যাতনা ভুলেছি।
কল্পনা নহে, শুধু বাস্তব -
শান্ত হৃদয়ে নাই কলরব,
খুদ্র পরাণে মহতের লীলা
দেখিবারে আমি চেয়েছি।
রূপান্তরের আলোর বাঁশরি
না জানি কেমনে পেয়েছি।

Jibăner bhore cheyechhi tomāre
Mărăner sānjhe peyechhi.
Ăntără bhelā ālo pārābāre
Săkăl jātănā bhulechhi.
Kălpănā năhe shudhu bāstăb –
Shāntă hridăy nāi kălărăb.
Khudră părāne măhăter lilā
Dekhibāre āmi cheyechhi.
Rupāntărer ālor bāñshări
Nā jāni kemăne peyechhi.

I sought You at the dawn of my life.
I achieve You in the evening of my life.
And now that the ferryboat of my heart
    is in the Ocean of Light,
I have forgotten all my pangs.
This is no imagination of mine;
    it is all reality.
Tranquil is my heart;
    no clamour.
In this tiny life
The Cosmic Game of the Infinite Vast
    I wanted to see.
I do not know how I have obtained
    the Flute of Light
That is transforming my whole life.

Translated into English by Sri Chinmoy from his original Bengali poem "Jibaner Bhore".

যাবো না, যাবো না, যাবো না -
তোমার সকাশে যাবো না।
তব অমৃত খাবো না।
মুক্তি সাগরে পাবো না,
তবু আমি কভু যাবো না।

Jābona, jābona, jābona,
Tomār săkāshe jābonā.
Tăbă ămrită khābonā.
Mukti sāgăre pābona.
Tăbu āmi kăbhu jābona.

I shall not go. I shall not go. I shall not go.
I shall not go near You.
I shall not drink Your Nectar.
I shall not get Your Liberation.
Yet I shall never go to You.
I shall not go.

Translated into English by Sri Chinmoy from his original Bengali poem "Jabona".

চাহি তোমার পানে, বড়ই অভিমানে।
চাহি তোমার পানে, যদিও তিমির টানে।
চাহি তোমার পানে, আশা ভরা প্রাণে।
চাহি তোমার পানে, মুক্তি শিখার গানে।

Chāhi tomār pāne bărăi ăbhimāne.
Chāhi tomār pāne jădio timir tāne.
Chāhi tomār pāne āshā bhăra prāne.
Chāhi tomār pāne mukti shikhār gāne.

I look at You through intense sulking.
I look at You although darkness pulls me.
I look at You with hope, with a heart full of hope.
I look at You with the flames of liberation.

Translated into English by Sri Chinmoy from his original Bengali poem "Chahi Tomar Pane".

আমার আমিরে সঁপিবো তোমার চরণে।
তোমার আমিরে বরিবো আমার স্বপনে।
শান্তি উর্মি হেরিবো তোমার নয়নে।
তোমারে বাঁধিবো আমার মধু জাগরণে।
ওগো সুন্দর, আমার জীবনে মরণে,
উড়াবো কেবল তোমার বিজয় কেতনে।

Āmār āmire săñpibo tomār chărăne.
Tomār āmire băribo āmār swăpăne.
Shānti urmi heribo tomār năyăne.
Tomāre bāñdhibo āmār mădhu jāgărăne.
Ogo sundăro āmār jibăne mărăne,
Urābo kebăl tomār bijoy ketăne.

I shall surrender my I-ness at Your Feet.
I shall accept Your I-ness in my dream.
I shall see the waves of Peace in Your Eyes.
I shall bind You with my sweet awakening.
O Beauty Supreme, in my life and death
I shall only fly Your Victory-Banner.

Translated into English by Sri Chinmoy from his original Bengali poem "Amar Amire Sanpibo".

আমার আঁখির অসীম গেহে,
ধরার আঁখি রাজে।
প্রতি জীবের কান্না হাসি,
নিত্য প্রাণে বাজে।
আমি অজর, অমর আমি,
সীমার মাঝে তবু।
সবাই সাথি আমার জানি,
আমি আমার প্রভু।

Āmār āñkhir āsim gehe,
Dhărār ānkhi rāje.
Prăti jiber kānnā hāsi,
Nityă prāne bāje.
Āmi ăjăr; ămăr āmi,
Simār mājhe tăbu.
Săbāi sāthi āmār jāni,
Āmi āmār prăbhu.

In the infinite home of my eye,
    the Eye of the Universe resides.
The joys and sorrows of each individual
    are being played in my heart.
I am lifeless; again I am Immortal.
In the finite I exist as the friend of all.
I know again I am the lord of my life,
    of my senses, of my realisation.

Translated into English by Sri Chinmoy from his original Bengali poem "Amar Ankhir Asim Gehe".

কেমনে তোমারে পূজিবো বিধাতা, কেমনে?
কেমনে তোমার চরণে বাঁধিবো, কেমনে?
কেমনে তোমার নয়নে হেরিবো, কেমনে?
কেমনে ভাসিবো তোমার তরীতে, কেমনে?
কেমনে তোমার বাঁসরি বাজাবো, কেমনে?
কেমনে তোমারে দেবো এই হিয়া, কেমনে?
রূপান্তরের আলোর গীতিকা কেমনে,
কেমনে গাহিবো দিবসে নিশিতে কেমনে?

Kemăne tomāre pujibo bidhātā, kemăne?
Kemăne tomār chărăne bāñdhibo, kemăne?
Kemăne tomār năyăne heribo, kemăne?
Kemăne băsibo tomār tărite, kemăne?
Kemăne tomār bāñshări bājābo, kemăne?
Kemăne tomāre debo ei hiyā kemăne?
Rupantărer ālor gitikā kemăne,
Kemăne gāhibo dibăse nishite, kemăne?

How can I worship You, my Lord?
How can I bind Your Feet?
How can I see Your Eye?
How can I sail in Your Boat?
How can I play Your Flute?
How can I offer You my heart?
How can I sing day and night
the Song of Light
For my transformation?

Translated into English by Sri Chinmoy from his original Bengali poem "Kemane Tomare Pujibo".

দেখা দাও ওগো শান্তি।
চলে যাও আজ ভ্রান্তি।
দেখা দাও ওগো শক্তি,
নিয়ে যাও মোর ভক্তি।
দেখা দাও ওগো মুক্তি,
নাহি চাহি আর যুক্তি।
দেখা দাও হিয়া সূর্য,
চির বিজয়ের তুরীয়,।

Dekhā dāo ogo shānti.
Chăle jāo āj bhrānti.
Dekhā dāo ogo shăkti,
Niye jāo mor bhăkti.
Dekhā dāo ogo mukti,
Nāhi chāhi ār jukti.
Dekhā dāo hiyā suryă,
Chiră bijăyer turiyă?

O Peace, divine Peace,
Do appear before me.
O error, away you go today.

O Power, divine Power,
Do appear before me.
Accept all my devotion.

O Liberation, divine Liberation,
Do appear before me.
Reason I want no more.

O Sun, divine Sun of my heart,
Do appear before me.
You are the clarion call of Eternal Victory.

Translated into English by Sri Chinmoy from his original Bengali poem "Dekha Dao Ogo Shanti".

ওগো সুন্দর, ওগো আনন্দ,
ওগো মোর প্রাণনাথ,
সসীমে অসীমে পেয়েছি,
তোমার চেতনার সাক্ষাৎ।
রূপান্তরের আলোর বাঁশরি
বাজাবো হৃদয় বনে।
হাসিয়া নাচিয়া হারাবো আমারে
রাখাল রাজার ধনে।

Ogo sundără,
Ogo ānăndă,
Ogo mor prānănāth!
Săsime-ăsime peyechhi
Tomār chetănār sākkhāt.
Rupāntărer ālor bāñshări
Bājābo hridăy băne.
Hāsiyā nāchiya hārābo āmāre
Rākhāl rājār dhăne.

O my beautiful One,
O my Lord of Delight,
O Lord of my life-breath,
In the finite and the Infinite
I have met Your Universal Consciousness.
I shall play on the flute of transformation-light
    in the forest of my heart.
Smiling and dancing I shall lose myself
    in the wealth of Lord Krishna.

Translated into English by Sri Chinmoy from his original Bengali poem "Ogo Sundara Ogo Ananda".

জানিনা আমি আমার কথা,
জানবো কেন শুনি?
তোমার বানী শুনবো শুধু
হয়ে মৌন মুনী।
হিয়া কুসুম ফুটবে মোর
তোমার হাসি পেয়ে।
ভবসাগরে তুমিই প্রিয়,
আমার শুধু নেয়ে।

Jāninā āmi āmār kătha
Jānbo kenă shuni?
Tomār bāni shunbo shudhu
Hăye măună muni.
Hiyā kusum phutbe mor
Tomār hāsi peye,
Bhăbă-sāgăre tumi priyă,
Āmār shudhu neye.

I do not know about myself.
Why have I to know about myself?
I shall always listen to Your Message,
    like a silent ascetic.
My heart-flower will blossom at Your Smile.
In this world-ocean, O Beloved,
You are my only Boatman.

Translated into English by Sri Chinmoy from his original Bengali poem "Janina Ami".

সবার মাঝে তুমি প্রিয়, সবই তুমি জানি।
জানিনা হায় অপর প্রাণে, তবু যে কেন হানি?
অশ্রু যবে ঝরে আমার, পড়ে তখন মনে,
দীনতা বোঝা চূর্ণ হবে আমার মন-বনে।

Săbār mājhe tumi priyă, săbiy tumi jāni.
Jāninā hāi ăpăr prāne tăbu je kenă hāni?
Ăshru jăbe jhăre āmār păre tăkhăn măne,
Dinătā bojhā churnă hăbe āmār mănă băne.

O Beloved, You are in everyone,
    You are everything.
I know this truth, but alas,
I know not why I hurt the hearts of others.
When my eyes shed tears,
I remember the real reason,
And then the load of inner poverty
Will be smashed in the forest of my mind.

Translated into English by Sri Chinmoy from his original Bengali poem "Sabar Majhe Tumi Priya".

দুরেও তুমি কাছেও তুমি,
তবু ভাবি দূরে।
তৃপ্তি যে তাই পাইনা কভু,
গহন হিয়া পূরে।
বাসনা মোর পূর্ণ হউক,
এ নহে মোর চাওয়া।
তোমার পায়ে সঁপি যেন
আমার সকল পাওয়া।

Dureo tumi kāchheo tumi,
Tăbu bhābi dure.
Tripti je tāi pāina kăbhu,
Găhăn hiyā pure.
Bāsănā mor purnă hăuk,
E năhe mor chāowā.
Tomār pāye săñpi jenă
Āmār săkăl pāowā.

You are afar, You are near.
Yet I think that You are always far, far away.
Therefore I get no satisfaction
    in the inmost recesses of my heart.
My wish is not to let my desire be fulfilled;
    that is not my wish.
My wish is to offer at Your Feet
    all desires conceived and achieved.

Translated into English by Sri Chinmoy from his original Bengali poem "Dureo Tumi".

চলো যাই, চলো যাই, চলো যাই!
হেথা নাই, হেথা নাই, হেথা নাই -
আশা হাসি আরাধনা প্রেম সুধা
আলোকের অসীমের পূত ক্ষুধা।
চলো যাই, চলো যাই, চলো যাই!
হেথা নাই, হেথা নাই, হেথা নাই -
আমাদের বিধাতার তরী-বাঁশি,
আছে শুধু ভুল গিরি রাশি-রাশি,
নাহি পাবো হেথা কভু যাহা চাই।

Chălo jāi, chălo jāi, chălo jāi!
Hethā nāi hethā nāi hethā nāi
Āshā, hāsi, ārādhănā, premă, sudhā,
Āloker ăsimer pută khudhā.

Chălo jāi, chălo jāi, chălo jāi!
Hethā nāi, hethā nāi, hethā nāi
Āmāder bidhātār tări bāñshi,
Āchhe shudhu bhul giri rāshi rāshi,
Nāhi pābo hethā kăbhu jāhā chāi.

Let us go.
Here there is no hope,
There is no smile, no adoration,
No divine love, no nectar,
    no hallowed hunger
For the Light of the Infinite.
Let us go, let us go.
Here there is no boat,
No flute of our Supreme Lord.
Here there is only a chain
    of falsehood mountains.
Whatever you want,
    you shall never get it here.
Let us go, let us go.

Translated into English by Sri Chinmoy from his original Bengali poem "Chalo Jai".

চেয়েছি অনেক কিছু,
ছুটেছি মোহের পিছু।
ভেঙ্গেছি আশার তরী,
শমনে এবার স্মরি।
খেলা শেষ হলো আজি,
এসো মোর হিয়া-মাঝি।

Cheyechhi ănek kichhu,
Chhutechhi moher pichhu.
Bhengechhi āshār tări,
Shămăne ebār smări.
Khelā shesh hălo āji,
Eso mor hiya mājhi.

Much have I desired;
Many a time have I run after
    Attachment wild.
I have broken asunder the boat of my hope;
    Now I invoke only death.
Today ends my earthly game.
Take me and carry me,
O my Eternal Pilot,
    Come.

Translated into English by Sri Chinmoy from his original Bengali poem "Cheyechhi Anek Kichhu".

The Garden of Love-Light

PART III

প্রেমালোকের কানন

অধ্যায় ৩

লহো অঞ্জলি মোর,

অবচেতনার ঘোর।

লহো অভিপ্সা মোর,

বাসনার মোহ-ঘোর।

লহো হেম-আশা মোর,

চির সন্দেহ চোর।

Lăho ănjăli mor,
Ăbăchetănār ghor.
Lăho ăbhipsā mor,
Bāsănār mohă-ghor.
Lăho hemă-āshā mor,
Chiră săndehă chor.

Take my heart's soulful offering
    and my stark inconscience.
Take my aspiration-flame
    and the cord of my binding desires.
Take my golden hope
    and my doubt-thief eternal.

Translated into English by Sri Chinmoy from his original Bengali poem "Laho Anjali Mor".

তোমার সবই ভালো,
আমার সবই কালো।
তোমার সবই জয়,
আমার সবই ক্ষয়।
তোমার সবই আঁখি,
আমার সবই ফাঁকি।

Tomār săbi bhālo,
Āmār săbi kālo.
Tomār săbi joy,
Āmār săbi khoy.
Tomār săbi ānkhi,
Āmār săbi phāñki.

Everything of Yours is good and divine.
Everything of mine is dark and undivine.
Everything of Yours is Victory-Light.
Everything of mine is destruction-night.
Everything of Yours is supernal Vision.
Everything of mine is earthly deception.

Translated into English by Sri Chinmoy from his original Bengali poem "Tomar Sabi Bhalo".

ফাঁকি দিয়ে তোমায় আমি হতে চাহি বড়ো,
তাই বুঝি মা কৃপা করে আমায় নাহি ধরো?
ফাঁকি দেওয়া মধুর নহে বড়ই পীড়াদায়ী,
স্বরূপ ভুলে মিথ্যা ক্রোড়ে এ প্রাণ শয্যাশায়ী।

Phāñki diye tomāi āmi, hăte chāhi băro.
Tāi bujhi mā kripā kăre āmāi nāhi dhăro?
Phāñki deowā mădhur năhe, bărăi pirādāyi!
Swărup bhule mitthyā krore e prān shăjyāshāyi.

On the lap of falsehood, deceiving You,
    I want to become great.
Is that the reason why, Mother,
You do not hold me
    with Your boundless Compassion?
Deceiving is not a sweet thing;
    it is full of pain.
Forgetting my soul-reality, my heart
    lies on the lap of falsehood.

Translated into English by Sri Chinmoy from his original Bengali poem "Phanki Diye".

কাঁটা বনে ঘুরে বেড়াই চৌদিকে মোর কাঁটা,
জীবন নদীর জোয়ার যে নাই শুধুই হেরি ভাটা।
শুন্য চিত্ত পূর্ণ হবে তোমার ডাকে জানি,
নির্ভয়ে তাই সকল ব্যথা আমার বুকে টানি।

Kāñtā băne ghure berāi chăudike mor kāñtā,
Jibăn nădir jowār je nāi shudhui heri bhātā.
Shunyă chittă purnă hăbe tomār dāke jāni,
Nirbhăye tāi săkăl byāthā āmār buke tāni.

I roam in the forest of thorns,
    thorns all around.
My life-river has no high tide;
    low ebb it always has.
This empty heart of mine will be filled
    with Your Call, I know.
Therefore, dauntless I draw into my heart
    all sufferings.

Translated into English by Sri Chinmoy from his original Bengali poem "Kanta Bane".

আরো ব্যথা কেমন করে সহি বল মাগো,
তুমি যদি হিয়া মাঝে কভু নাহি জাগো?
জানি আমার দুঃখের নিশার হবে অবসান।
ত্বরা এসো, মাগো তোমায় ডাকে চপল প্রাণ।

Āro byāthā kemăn kăre săhi bălo māgo,
Tumi jădi hiyā mājhe kăbhu nāhi jāgo?
Jāni āmār dukher nishār hăbe ăbăsān,
Twărā eso māgo tomāi dāke chăpăl prān.

Come, Mother, come.
Mother, how can I endure more sufferings,
    tell me,
If You never awaken within my heart?
I know that one day the night of my sorrows
    will come to an end.
O Mother, come quickly.
My restless heart is calling You.

Translated into English by Sri Chinmoy from his original Bengali poem "Aro Byatha Keman Kare".

সুবিশাল হয়ে হতে পারো ছোট,
কি হবে তা জেনে মোর?
শুধু যেন জানি তুমি যে আমার -
তুমি হৃদয় ভোর।
উন্মাদ সে যে বুদ্ধির বলে
যে তোমারে পেতে চায়।
মন বুদ্ধির অতীতে যে তুমি -
সে সত্য ভুলে যায়।

Subishāl hăye hăte pāro chhoto
   ki hăbe tā jene mor?
Shudhu jenă jāni tumi je āmār –
   tumi hridăy bhor.
Unmād se je buddhir băle
   je tomāre pete chāi,
Măn buddhir ătite je tumi –
   se sătyă bhule jāi.

You are vast and infinite,
    yet You can become very tiny.
What do I gain by knowing this?
I only wish to know from You
    that You are mine
And You are the dawn of my heart.
He is insane who wants to achieve You
    with the reasoning mind.
Far beyond the domain of the mind
    and the intellect, You abide.
He knows not this truth sublime.

Translated into English by Sri Chinmoy from his original Bengali poem "Subishal Haye Hate Paro".

দুখেরো রজনী পোহাবেনা জানি তবু করি মিছে আশা।
পরাণে আমার হাসিছে কেবল দানব সর্বনাশা।
তুমি কৃপাময় এই ভেবে তোমা পুজিছে নিয়ত যারা,
তারা শুধু পাবে অমূল্য ধন, ভাঙ্গিবে মৃত্যু কারা।

Dukhero rǎjǎni pohābenā jāni tǎbu kǎri michhē āshā.
Pǎrāne āmār hāsichhe kebǎl dānǎb sǎrbǎnāshā.
Tumi kripāmoy ei bhebe tomā pujichhe niyǎtǎ jārā,
Tārā shudhu pābe ǎmulyǎ dhǎn bhāngibe mrityu kārā.

I know the night of suffering will not end,
Yet I cherish false hope.
Inside my heart is smiling
The demon of destruction.
You are all Compassion.
Thinking this, those who worship You
Will definitely get Your unique Wealth
And break asunder the prison of death.

Translated into English by Sri Chinmoy from his original Bengali poem "Dukhero Rajani".

যা কিছু যাবার যাবে,
তবু কেন কাঁদি হায়
দিবানিশি বেদনায়?
যা কিছু পাবার পাবো
চাহি আর নাহি চাহি,
তবু আনন্দ নাহি।

Jā kichhu jābār jābe,
Tăbu kenă kāñdi hāi
Dibānishi bedănāi?
Jā kichhu pābār pābo
Chāhi ār nāhi chāhi,
Tăbu ānăndă nāhi.

Whatever is to go will go.
Alas, why then do I weep
Day and night in excruciating pangs?
Whatever is to be achieved I shall achieve,
Whether I want it or not,
Yet no joy have I.

Translated into English by Sri Chinmoy from his original Bengali poem "Ja Kichu Jabar Jale".

আমারে দিয়েছো দীনতার বোঝা, তুমি চির সুবিশাল।
সীমাহীন হয়ে মোর লাগি তুমি, সৃজিয়াছো মোহজাল।
ললাটে আমার অশেষ যাতনা, তুমি আনন্দময়।
শমনের ভীতি ঢেলেছো এ প্রাণে, তুমি চির নির্ভয়।

Āmāre diyechho dinătār bojhā, tumi chiră subishāl.
Simāhin hăye mor lagi tumi srijiyāchho mohă-jāl.
Lălāte āmār ăshesh jātănā, tumi ānăndămoy,
Shămăner bhiti dhelechho e prāne, tumi chiră nirbhoy.

You have given me the burden of poverty,
    although You are the eternal Strength infinite.
Being boundless, You have created for me
    the binding attachment-net.
Ceaseless pangs flow across my forehead;
You are Delight infinite.
The fear of death You have poured into my heart,
    and You remain eternally fearless.

Translated into English by Sri Chinmoy from his original Bengali poem "Amare Diyechho Dinatar Bojha".

চিন্তা আমার, আমায় করে জগত সেরা বীর,
প্রাণে আনে মুক্তি হাসি বিশ্ব-বিধাত্রীর।
সবার মাঝে চাহি যখন পেতে আমার ঠাঁই,
এক নিমেষে সবার অধম হয়ে আমি যাই।

Chintā āmār āmāi kăre jăgăt serā bir,
Prāne āne mukti hāsi bishwă bidhātrir.
Săbār mājhe chāhi jăkhăn pete āmār thāi,
Ek nimeshe săbār ădhăm hăye āmi jāi.

My thoughts make me the greatest hero
  of the world.
In my heart is the smile of liberation
  from the Mother of the Universe.
When I want to affirm my supremacy
  over all human beings,
In a twinkling, I become worse than the worst.

Translated into English by Sri Chinmoy from his original Bengali poem "Chinta Amar".

ঘৃণা যতো করি আমায় কেউতো করেনা।
ভালো যতো বাসি আমায় কেউতো বাসেনা।
ভালোবাসা ঘৃণা মাঝে জীবন বীনা নিত্য বাজে।
আলো আঁধার চৌদিকে মোর কেউতো চাহেনা।
হিয়া পাখি সবারে চায় কেউতো আসেনা।

Ghrinā jăto kări āmāi keuto kărena.
Bhālo jăto bāsi āmāi keuto bāsenā.
Bhālobasā ghrinā mājhe jiḅăn binā nityă bāje.
Ālo āñdhār chaudike mor keuto chāhenā.
Hiyā pākhi săbāre chāi keuto āsenā.

Nobody hates me the way I hate myself.
Nobody loves me the way I love myself.
Inside the heart of love and hatred,
The vina of my life plays.
Around me are light and darkness.
Nobody wants them.
The bird of my heart wants everyone,
But nobody comes, nobody responds.

Translated into English by Sri Chinmoy from his original Bengali poem "Ghrina Jato".

কল্পনা দিয়ে যে করে সৃজন, ভবিষ্যতের ব্যথা,
কেমনে সে পাবে এ জীবনে কভু, মধুময় নীরবতা?
যাহা আছে সাথে তাহা আমাদের, যাহা নাই লাগিবেনা,
এ গোপন কথা যে মানব জানে, সে যে কভু কাঁদিবেনা।

Kălpănā diye je kăre srijăn bhăbishyăter byāthā,
Kemăne se pābe e jibăne kăbhu mădhumoy nirăbătā?
Jāhā āchhe sāthe tāhā āmāder, jāhā nāi lāgibena –
E gopăn kăthā je mānăb jāne se je kăbhu kāndibenā.

He who creates through imagination
    future pain,
How will he get, in this lifetime,
    ambrosial silence?
Whatever we have is ours.
Whatever we do not have,
    we do not need.
He who knows this silent message
    will never cry.

Translated into English by Sri Chinmoy from his original Bengali poem "Kalpana Diye".

সবাই আসে আমার কাছে সবাই মোরে চায়,
সবার প্রাণ সঁপি আমি তোমার রাঙ্গা পায়।
তুমি জানো দৈন্য আমার কোথায় আমার ভুল,
সবাই ভাবে মহৎ আমি, আমি জানি আমার কুল।

Săbāi āse āmār kāchhe săbāi more chai,
Săbār prāne săñpi āmi tomār rāngā pāi.
Tumi jāno dăinyă āmār kothāi āmār bhul,
Săbāi bhābe măhăt āmi, āmi jāni tumi āmār kul.

Everybody comes to me, everybody wants me.
At Your lotus-red Feet I offer everyone.
You know where my poverty lies,
You know where my mistake is.
Everybody thinks that I am great,
But I know that You are my only Shore.

Translated into English by Sri Chinmoy from his original Bengali poem "Sabai Ase Amar Kachhe".

তোমার লাগি কাঁদেনা প্রাণ, তাই বুঝি পায় ব্যথা?
না চাহিলে দাওনা বুঝি, শান্তি নীরবতা?
কে চেয়েছে তোমার কাছে? কে চাইতে পারে?
কৃপা করে দিয়েছ সব, ভালোবাসো যারে।

Tomār lāgi kāndenā prān, tāi bujhi pāi byāthā?
Nā chāhile dāona bujhi, shānti nirăbătā?
Ke cheyechhe tomār kāchhe? Ke chāhite pāre?
Kripā kăre diyechho săb, bhālobāso jāre.

My heart does not cry for You.
Do I therefore get pain?
Is it true that You do not give
    peace and silence
Without being invoked?
Who has invoked and who can seek?
It is through Compassion
That You have given everything
    to him whom You love.

Translated into English by Sri Chinmoy from his original Bengali poem "Tomar Lagi Kandena Pran".

হিয়া চলে যায় অতি দ্রুতবেগে, তনু চলে অতি ধীরে।
তনুর লাগিয়া হিয়ার চিন্তা, কেবল তাকায় ফিরে।
তনু হেসে কয়, যাও তুমি চলে সময় যখন হবে,
মোরেও বিধাতা দিবে দরশন এ জীবন কলরবে।

Hiyā chăle jāi ăti drutăbege, tănu chăle ăti dhire.
Tănur lāgiyā hiyār chintā kebăl tākāi phire.
Tănu hese koy, jāo tumi chăle sămoy jăkhan hăbe
Moreo bidhātā dibe dărăshăn e jibăn kălărăbe.

The heart is running very fast,
But the body is running very slowly.
The heart worries about the body; it looks behind.
The body smilingly says, "Run at your own speed.
When the time comes, the Lord will present Himself
Before me in this life of turmoil."

Translated into English by Sri Chinmoy from his original Bengali poem "Hiya Chale Jai".

সব আশা মোর চূর্ণ হলো পূর্ণ হবার আগে,
তাইতো কাঁদি নীরব ভাশায়, বড়ই অনুরাগে।
ব্যথা দিয়ে তৃপ্তি পাবে, এ ভেবেছো প্রভু?
ভুল করেও তোমায় আমি ভুলবোনা যে কভু।

Săb āshā mor churnă hălo purnă hăbār āge,
Tāito kāndi nirăb bhāshāI, bărăi ănurāge.
Byāthā diye tripti pābe, e bhebechho prăbhu?
Bhul kăreo tomāi āmi bhulbonā je kăbhu.

All my hopes are broken into pieces
    before they are fulfilled.
Therefore I cry in silent language,
    with devoted eagerness.
By torturing me, You will get satisfaction.
O Lord, this is what You think.
Even through oversight
    I shall never go to You.

Translated into English by Sri Chinmoy from his original Bengali poem "Sab Asha Mor".

জীবন সমরে, আকুল পরাণে কত শতবার ডেকেছি,
দরশন তব পাই নাই কভু বৃথা শুধু মাগো কেঁদেছি।
অশেষ যাতনা, অশেষ বেদনা, সহিবারে দাও শকতি,
তুমি না জানালে স্বরূপ তোমার, কেমনে জানাবো ভকতি?

Jibănă sămăre ākulă părāne kătă shătăbār dekechhi.
Dărăshănă tăbă pāi nāi kăbhu –
  brithā shudhu māgo keñdechhi.
Ăshesh jātănā, ăshesh bedănā, săhibāre dāo shăkăti,
Tumi nā jānāle swărup tomār, kemăne jānābo bhăkăti?

In the battlefield of life I have invoked You
With an eager heart hundreds of times,
    yet I have not seen You even once.
In vain I have been crying, Mother.
Give me the strength to bear endless sorrows
    and endless pangs.
If You do not show me Your Soul-Form,
    how can I offer You my heart's devotion?

Translated into English by Sri Chinmoy from his original Bengali poem "Jibana Samare".

কত শতবার বেজেছে পরাণে মধুময় তব বাঁশি!
তবু ও জাগেনি সুপ্ত পরাণ, আঁধার গভিরে রয়েছে শয়ান।
মোর অভিমান বুঝেনা, চাহেনা অসীমের তব হাসি।
বেদনা যাতনা পেয়েছি অশেষ, পেয়েছি দুখের মালা।
দ্যুলোকের আলো মোর কাছে কালো,
সমস্যা সে যে ভালো অতি ভালো।
চাহিবার যাহা নাহি চাহি কভু শুধু করি অবহেলা।

Kătă shătăbār bejechhe părāne mădhumoy tăbă bāñshi,
Tăbu o jāgeni suptă părān,
Āñdhār găbhire răyechhe shăyān.
Mor ăbhimān bujhenā, chāhenā ăsimer tăbă hāsi.
Bedănā jātănā peyechhi ăshesh, peyechhi dukher mālā.
Dyuloker ālo mor kāchhe kālo,
Sămăsyă se je bhālo ăti bhālo.
Chāhibār jāhā nāhi chāhi kăbhu shudhu kări ăbăhelā.

How many hundreds of times in my heart's depths
Have I heard the nectar-notes of Your Flute!
Yet my heart is lying fast asleep
    in the abyss of darkness.
My sulking does not understand or want
    the Smile of Your Infinity.
Sufferings and pangs endlessly I have endured.
I have received the garland of sorrow.
The Light of Heaven is darkness to me.
Problems are good, very good.
Whatever I need to ask for, I ask not.
I just while away my time.

Translated into English by Sri Chinmoy from his original Bengali poem "Kata Shatabar".

বিরাট বিশ্ব সভা মাঝে দুঃখী কেবল যারা,
ডাকি আমি তাদের হেথায়, পেতে শান্তি ধারা।
সকল নিধির সেরা নিধি - মায়ের মৌন হাসি,
মায়ের হাতে ওরে শুধু রাখাল রাজার বাঁশি।

Birāt bishwă săbhā mājhe dukhi kebăl jārā,
Dāki āmi tāder hethāi pete shānti dhārā.
Săkăl nidhir serā nidhi – māyer măuna hāsi,
Māyer hāte ore shudhu rākhāl rājār bāñshi.

In this great assembly of the universe,
I invite those to have peace
  who are suffering most miserably.
To them I say that the most precious wealth
  is the silent Smile of the Mother Divine,
And in Her Hand is the world-enchanting Flute
  of Lord Krishna.

Translated into English by Sri Chinmoy from his original Bengali poem "Birat Bishwa".

দিবানিশি তোমায় মাগো কেন ডাকি জানো?
তুমি আমায় ডেকেছো মা, এই কথাটি মানো?
তুমি যদি নাহি ডাকো সাহস কারো নাই,
তোমার পায়ে গর্ব ভরে পেতে কভু ঠাঁই।

Dibānishi tomāi māgo keno dāki jāno?
Tumi āmāi dekechho mā, ei kăthāti māno.
Tumi jădi nāhi dāko sāhăs kāro nāi,
Tomār pāye gărbă bhăre pete kăbhu thāi.

Mother, do You know why I call upon You
 day and night?
Do You believe that it is You
 who called me first?
If You do not call, nobody is brave enough
 to come to You.
Nobody has the pride to take shelter
 at Your Feet.

Translated into English by Sri Chinmoy from his original Bengali poem "Dibanishi Tomai Mago".

কথা নাই কাজ - এ মধুর বাণী হৃদয়ে জাগায় বল,
কর্মের মাঝে রয়েছে গোপনে কুসুমের পরিমল।
কর্মই হোক অন্তর ভাষা - আমাদের পরিচয়,
উন্নতি শুধু লক্ষ মোদের - নহে জয় পরাজয়।

Kāthā nǎi kāj, e mǎdhur bāni hridǎye jāgāi bǎl,
Kǎrmer mājhe rǎyechhe gopǎne kusumer pǎrimǎl
Kǎrmǎi hok ǎntǎrǎ bhāshā – āmāder pǎrichoy,
Unnǎti shudhu lǎkkhyǎ moder – nǎhe joy pǎrājoy.

Not word, but work:
This sweet message awakens strength
    in our heart.
Inside work remains hidden
    the fragrance of flowers.
Let work be the language of our heart
    and our proclamation.
Our only aim is progress,
    not victory and failure.

Translated into English by Sri Chinmoy from his original Bengali poem "Katha Nai Kaj".

নাই কিছু নাই, তবু তোমায় ডাকবোনা আর ডাকবোনা,
ভালো তোমায় এই জীবনে বাসবোনা আর বাসবোনা।
স্নেহ তোমার লাগবেনা মোর যদিও আমি নিঃস্ব,
আজ হতে মোর প্রভু আমি, আমিই আমার বিশ্ব।

Nāi kichhu nāi, tăbu tomāi dākbonā ār dākbonā,
Bhālo tomāi ei jibăne bāsbonā ār bāsbonā.
Snehă tomār lāgbenā mor jădio āmi nishwă,
Āj hăte mor prabhu āmi, āmi āmār bishwă.

I do not have anything,
    yet I shall not call upon You.
I shall love You no more in this life,
    I shall love You no more.
I do not need Your Love,
    although I am destitute.
From today on I shall be my Lord,
    I shall be my universe.

Translated into English by Sri Chinmoy from his original Bengali poem "Nai Kichhu Nai".

চূর্ণ করে আমার প্রাণের শত ক্ষুদ্র আশা,
আঁখিমণি, গভীর করো তোমার ভালোবাসা।
তোমার লাগি ধরার বুকে আমার আসা যাওয়া,
তোমার আলোর পূর্ণতা যে আমার সকল পাওয়া।

Churnă kăre āmār prāner shătă khudră āshā,
Ānkhimăni găbhir kăro tomār bhālobāsā.
Tomār lāgi dhărār buke āmār āsā jāowā,
Tomār ālor purnătā je āmār săkăl pāowā.

Break asunder hundreds of little desires
    of my vital.
O Jewel of my eye,
    make Your Love intense.
I come into the world and depart
    only for You.
The Infinity of Your Light
    is my sole achievement.

Translated into English by Sri Chinmoy from his original Bengali poem "Churna Kare".

আমার প্রাণে আঘাত হানি যাবে যারা চলে,
তারা কি হায় পাবেনা ঠাঁই তোমার চরণ তলে?
দিও তাদের ঠাঁই জননী, দিও তাদের ঠাঁই,
তাদের সুখে সুখি আমি, তাদের হাসি চাই।

Āmār prāne āghāt hāni jābe jārā chăle,
Tārā ki hāi pābenā thāi tomār chărăn tăle?
Diyo tāder thāi jănăni, diyo tāder thāi,
Tāder sukhe sukhi āmi, tāder hāsi chāi.

Striking my heart,
    all those who will go away,
Alas, will they not get shelter
    at Your Feet, Mother?
Mother, give them shelter,
    give them shelter.
I am happy only in their happiness.
Their happiness alone I want.

Translated into English by Sri Chinmoy from his original Bengali poem “Amar Prane Aghat Hani”.

নীরব ভাষায় প্রণাম জানাই তোমার রাঙ্গা চরণ তলে।
আমি এবার হবো ঋষি, প্রভু তোমার জাদু বলে।
বিশাল হয়ে দীনের ব্যথা বুঝবো আমি, এই যে মোর পণ,
তোমার স্নেহ কাঙ্গাল সবাই, তুমি সবার প্রাণের রতন।

Nirăb bhāshāi prănām jānāi tomār rāñgā chărăn tăle.
Āmi ebār hăbo rishi, prăbhu tomār jādu băle.
Bishāl hăye diner byāthā bujhbo āmi, ei je mor pān,
Tomār snehă kāngāl săbāi, tumi săbār prāner rătăn.

In silent language I bow
    at Your Power-red Feet.
I shall now become a sage, O Lord,
    with Your miracle-power.
My promise is to feel the pangs of the poor,
    having become vast and infinite.
Everyone is the beggar of Your Love.
You are everybody's inner Wealth.

Translated into English by Sri Chinmoy from his original Bengali poem "Nirab Bhashai".

যে শুনেছে তব চরণের ধ্বনি, যে হেরেছে তব হাসি,
স্বল্পে তুষ্ট কেমনে সে রবে তোমারে না ভালোবাসি?
পতঙ্গ সম অনলে ভস্ম হয় যদি দেহ প্রাণ,
তোমার সকাসে লভিবো জননী নিশ্চয় আমি স্থান।
যে পায়নি তব কোন পরিচয়, সে পারে রহিতে ভুলে,
চেনা অচেনারে এক সাথে লহো, জননী অঙ্কে তুলে।

Je shunechhe tăbă chărăner dhwăni, je herechhe tăbă hāsi,
Swălpe tushtă kemăne se răbe tomāre nā bhālobāsi?
Pătăngă sămă ănăle bhăsmă hăi jădi dehă prān,
Tomār săkāshe lăbhibo jănăni nishchoy āmi sthān.
Je pāini tăbă konă părichoy se pāre răhite bhule,
Chenā ăchenāre ek sāthe lăho, jănăni ănke tule.

He who has heard the sound of Your Footsteps,
He who has seen the Smile of Your Face,
How can he remain satisfied
  with little things on earth?
How can he remain without loving You
  as his very own?
Like an insect inside a blazing fire,
  if my body and vital are burned to ashes,
Yet I know for certain I shall have a place
  in the depths of Your Heart.
He who knows nothing about You can remain
  forgetful of You, but not I, never.
O Mother Divine, do place us,
The knowers of You and those who know You not,
In Your ambrosial, Elysian Lap.

Translated into English by Sri Chinmoy from his original Bengali poem "Je Shunechhe".

ওরে আমার প্রাণের প্রিয় বাসনা,
চৌদিকে তোর হাসে প্রলয় যাতনা।
মিথ্যা ক্ষুধার দাবানলে,
পড়ি আমি তোরই ছলে।
সুদুরে মোর আলোর স্বপন,
তারে আমি করি স্মরণ।
এ পৃথিবীর তিক্ত হাসি,
দিলো আমার প্রাণে ফাঁসি।
এবার আমি খুঁজবো আমায়,
আমার হিয়ার সুপ্ত গুহায়।
আমি হবো আমার পাওয়ার সাধনা।

Ore āmār prāner priyă bāsănā,
Chăudike tor hāse prălăy jātănā
Mitthyā khudhār dābānăle,
Pări āmi tori chhăle.
Sudure mor ālor swăpăn,
Tāre āmi kări s(m)ărăn.
E prithibir tiktă hāsi,
Dilo āmār prāne phānsi.
Ebār āmi khunjbo āmāi,
Āmār hiyār suptă guhāi.
Āmi hăbo āmāi pāowār sādhănā.

O dear desire of my vital life, around you
    laughs thunder-torture.
Your world-tricks throw me
    into the blazing fire of false hunger-life.
I know my dream-boat is far, very far,
    far beyond the farthest horizon.
The bitter smile of this world
    is crucifying my vital life.
Now I shall search for my real self
    in the dormant cave of my heart.
I shall become my self-discipline
    and my self-discovery.

Translated into English by Sri Chinmoy from his original Bengali poem "Ore Amar Praner Priya Basana".

নীরবতা, নীরবতা, ওগো নীরবতা!
তোমায় শুধু ডাকে আমার হিয়ার ব্যাকুলতা।
তোমার প্রাণে ঘুমিয়ে আছে বিশ্বজয়ী বানী,
তুমি শুধু, তুমিই আমার প্রভুর চরণখানি।
আমার প্রাণের আলো পাখি তোমার হাসির সাথি,
আমায় করো তুমি এবার মরণ বিহীন রাতি।
আমি আমার অজ্ঞানতা অন্ধকারের রূপ,
তোমার জ্যোতির প্লাবনে আজ হব আমি চুপ।

Nirăbătā, nirăbătā, ogo nirăbătā!
Tomāi shudhu dāke āmār hiyār byākulătā.
Tomār prāne ghumiye āchhe bishwăjăyi bāni,
Tumiy shudhu tumi āmār prăbhur chărăn khāni.
Āmār prāner ālo pākhi tomār hāsir sāthi,
Āmāi kăro tumi ebār mărăn bihin rāti.
Āmi āmār ăgyānătā ăndhăkārer rup,
Tomār jyotir plābăne āj hăbo āmi chup.

Silence, silence, silence!
My heart's eager cry always longs
 for you alone.
In your heart is resting
 the world-conquering message.
You alone are the Feet
 of my Beloved Lord Supreme.
The illumination-bird of my heart
 is the comrade of your smile supernal.
O silence, make my entire being free
 from the ignorance-night of death.
I was the self-form of ignorance-life,
 the self-form of darkness;
Today I am all silence
 in the flood of your nectar-effulgence.

Translated into English by Sri Chinmoy from his original Bengali poem "Nirabata Nirabata"

এবার আমি জানতে চাহি, ভালো কোথায় ভালো?
অজ্ঞানতা সবার প্রাণে, দেখে আঁধার কালো।
আলোর পানে বারেক তাকাও, তাকাও আলোর পানে,
বিভু তোমায় ডাকবে হেসে মৃত্যুজয়ী গানে।
মিথ্যা ভিতির বিভিষিকা তোমার প্রাণে হানে,
নয়নমণি প্রভু মোদের জানে সবই জানে।
ধ্রুব রূপে ফুটাও তোমায় আর করোনা দেরি,
চৌদিকে আজ শুনবে ধরা তোমার বিজয় ভেরি।

Ebār āmi jānte chāhi bhālo kothāi bhālo.
Ăgyānătā săbar prāne dekhe āñdhār kālo.
Ālor pāne bārek tākāo, tākāo ālor pāne,
Bibhu tomāi dākbe hese mrittyujăyi gāne.
Mitthyā bhitir bibhishikā tomār prāne hāne,
Năyănmăni prăbhu moder jāne săbi jāne.
Dhrubă rupe phutāo tomāi ār kăronā deri,
Chăudike āj shunbe dhără tomār bijoy bheri.

This time I wish to know what is good
    and where is good.
Ignorance sees darkness in everything
    and in all.
Open your eyes to the supernal Light!
The Lord Supreme invites you to sing
    His Song of Immortality.
The fear of false dragon-torture
    is tormenting your heart.
Our Beloved Lord Supreme
    is fully conscious of it.
It escapes not His Vision-Light.
Try to awaken and fulfil your life
    in the divine way supreme.
Delay not! The whole world is bound to hear
    the loud proclamation of your victory-drum.

Translated into English by Sri Chinmoy from his original Bengali poem "Ebar Ami Jante Chahi".

আমি কাঁদি তোমার লাগি, তুমি কি হায় কাঁদো?
ভক্তি ডোরে তোমায় বাঁধি, তুমি কি হায় বাঁধো?
হবো ফকির, সকল কিছু সঁপি তোমার করে,
কেন মাগো তোমার কৃপা আমায় নাহি ধরে?

Āmi kāndi tomār lāgi, tumi ki hāi kāñdo?
Bhăkti dore tomāi bāñdhi, tumi ki hāi bāñdho?
Hăbo phăkir, săkăl kichhu săñpi tomār kăre,
Keno māgo tomār kripā āmāi nāhi dhăre?

I always cry for You.
    Do You ever, alas, cry for me?
I bind You always with my devotion-cord.
    Do You ever bind me?
I am ready to become a beggar destitute,
By offering to You all that I have
    and all that I am.
Tell me, Mother, why Your Compassion-Sea
    fails to embrace me?

Translated into English by Sri Chinmoy from his original Bengali poem "Ami Kandi Tomar Lagi".

আপন তুমি চির আপন,
কোথায় থাকো দুরে?
দেখা তোমার পাইনা কভু,
আমার মানস পূরে।
তোমায় দিয়ে বাসনা মোর,
করবো বিনাশ যাতনা ঘোর।
তোমার প্রেমের বিশাল আকার,
তোমার কৃপার মুক্ত আধার,
হবো আমি তোমার গানের
মৃত্যু বিহীন সুরে।

Āpăn tumi chiră āpăn,
Kothāi thāko dure?
Dekhā tomār pāinā kăbhu,
Āmār mānăs pure.
Tomāi diye bāsănā mor,
Kărbo bināsh jātăna ghor.
Tomār premer bishāl ākār,
Tomār kripār muktă ādhār,
Hăbo āmi tomār gāner
Mrittyu bihin sure.

Dear, eternally dear You are.
Where do You live, O sweet One?
In what far-off land?
Never do I see You in the city of my mind.
To You I shall offer my teeming desires
And thus destroy all my heart's
excruciating pangs.
I shall become the enormity of Your Love.
I shall become Your freedom-receptivity,
singing Your Song of immortal Tune.

Translated into English by Sri Chinmoy from his original Bengali poem "Apan Tumi Chira Apan".

যাদের আমি আপন ভাবি, তারাই আমার পর।
আঘাত হানে আমার প্রাণে হয়ে গুপ্তচর।
ভালো মন্দ বিচার করা বড়ই কঠিন জানি,
তবু কেন আমায় ভাবি বুদ্ধিমান আর জ্ঞানী?

Jāder āmi āpăn bhābi, tārāi āmār păr.
Āghāt hāne āmār prāne hăye guptăchăr.
Bhālo măndă bichār kărā bărăi kăthin jāni,
Tăbu keno āmāi bhābi buddhimān ār gyāni?

Verily, they are not my own
    whom I claim to be my very own.
Like a secret enemy they smite me,
    my heart and my life.
I know, hard it is to judge bad and good.
Yet I always style myself
As a man of knowledge and wisdom-sky.

Translated into English by Sri Chinmoy from his original Bengali poem "Jader Ami Apan Bhabi".

এসো নিখিল পতি, নয়ন পাতে এসো,
পরাণে নেমে এসো!
ডাকে তোমায় ডাকে –
আকাশ ডাকে, বাতাস ডাকে, ডাকে মৃত্যু জরা -
নেমে এসো বিশ্ব প্রাণে, ডাকে বসুন্ধরা।
নব-অরুন সম তিমির দলি, ফুটায়ে চিত্ত কলি,
এসো অখিল পতি, নয়ন পাতে এসো!
পরশে তব মিলাবে সব বন্ধন সংশয়,
হিরণ্ময়! ওগো জ্যোতির্ময়! হবে সকলই মধুময়।
এসো জগত পতি নয়ন পাতে এসো,
জীবনে নেমে এসো!

Eso nikhilă păti năyănă pāte eso,
Părāne neme eso!
Dāke tomāi dāke –
Ākāsh dāke, bātās dāke, dāke mrittyu jărā –
Neme eso bishwă prāne dāke băsundhărā.
Năbă-ărună sămă timiră dăli, phutāye chittă kăli,
Eso ăkhilă păti năyănă pāte eso!
Părăshe tăbă milābe săb băndhăn săngshoy,
Hirănmoy, ogo jyotirmoy, hăbe sakali madhumoy.
Eso jăgătă păti năyănă pāte eso,
Jibăne neme eso!

Come, O Lord of the world,
Do appear before my vision-light,
Do enter into my heart.
The sky calls You, the air calls You,
    death and lifeless energy call You.
They all call You.
Mother Earth calls You.
As the morning sun chases away
    world-darkness-night,
So do chase away the darkness of my inner world
    and awaken the lotus of my heart.
Your magic touch shall melt away
    all my blinding and blighting doubts.
O Golden One, O Transcendental Beauty universal,
In You, with You and for You
    everything will grow into a Nectar-flood.
Come, O Lord of the world,
Do appear before my vision-light,
Do enter into my life.

Translated into English by Sri Chinmoy from his original Bengali poem "Eso Nikhila Pati".

সুন্দর যদি কুরূপে না বাসে ভালো,
কুরূপের প্রাণে কেমনে রাজিবে আলো?
ধ্রুব তারা যদি অধ্রুব পানে
ফিরে কভু নাহি চায়,
মিথ্যা কেমনে লভিবে মুক্তি,
নাহি জানে কেহ হায়!
আত্মতৃপ্তি লক্ষ মোদের নয়,
রূপান্তরই মোদের শ্রেষ্ঠ জয়।

Sundără jădi kurupe nā bāse bhālo,
Kuruper prāne kemăne rājibe ālo?
Dhrubă tārā jădi ădhrubă pāne
Phire kăbhu nāhi chāi,
Mitthyā kemăne lăbhibe mukti
Nāhi jāne kehă hāi?
Atmă tripti lăkkhyă moder noy,
Rupāntări moder shreshtă joy.

If beauty does not love ugliness,
How can light abide in ugliness-core?
If the pole-star does not look at falsehood
    with compassion-flood,
How can falsehood achieve liberation?
Alas, it is beyond, far beyond
    the imagination of all.
Self-satisfaction is not our goal.
Transformation-perfection
    is our victory's highest goal.

Translated into English by Sri Chinmoy from his original Bengali poem "Sundara Jadi".

নব বরষের প্রথম প্রদোষে জানাতে সাদর সম্ভাষণ,
বিশ্ব চেতনা স্রষ্টার পানে নয়ন করিছে উন্মোচন।
দুরে বহুদুরে ছিলে যেই নিধি, কভু যারে নাহি দেখি,
সেই প্রিয়তম অন্তরে মোর এতই নিকটে, একি!
অন্তরে গেলে নিমেষের তরে বুঝিবে সর্ব জীব,
তুমি চিন্ময়, তুমি অক্ষয়, তুমি অনাদি শিব!

Năbă bărăsher prăthăm prădoshe jānāte sādăr sămbhāsăn,
Bishwā chetănā srăshtār pāne năyăn kărichhe unmochăn.
Dure băhudure chhilă jei nidhi, kăbhu jāre nāhi dekhi,
Sei priyătăm ăntăre mor etăi nikăte, eki!
Ăntăre gele nimesher tăre bujhibe sărbo jib,
Tumi chinmoy tumi ăkkhoy tumi ănādi Shib!

In the twilight hour of the New Year,
To offer a cordial invitation to the Lord Supreme,
The consciousness of the universe is opening
    its vast eye.
I see a wonder-stream flowing through my body,
And my Beloved Supreme, residing in it,
    stands before me.
No matter who is endowed with this experience,
He will discover himself as consciousness immutable
    and birthless and deathless Lord Shiva.

Translated into English by Sri Chinmoy from his original Bengali poem "Naba Barasher".

কত দুরে তুমি নিয়ে যাবে মোরে, আশা!
প্রিয়, কত ভালোবাসা
তোমার হিয়ার কুসুম কলিতে ভোরে
সঞ্চয় করে রেখেছো আমার তরে।
যুগে, যুগে শুধু তুমি আছো চির সাথি,
আঁধার উজ্জ্বল বাতি!
জীবনে মরণে তোমায় স্মরিয়া চলি,
পায়নি যে কুল - তারেও যাওনি ছলি।
তুমি আছো তাই আছে এই মুখে ভাষা।
রঙিন স্বপনে ডুবিয়ে রেখেছো, আশা।

Kătă dure tumi niye jābe more āshā!
Priyă, kătă bhālobāsā
Tomār hiyār kusum kălite bhore
Sănchoy kăre rekhechho āmār tore.
Juge, juge shudhu tumi āchho chiră sāthi,
Āñdhare ujjwal bati!
Jibăne mărăne tomāi s(m)ăriya chăli,
Pāini je kul tāreo jāoni chhăli.
Tumi āchho tāi āchhe ei mukhe bhāshā.
Răngin swăpăne dubiye rekhechho, āshā.

O my Hope, how far will You carry me?
My Beloved Sweet, how much love
    and flower-fragrance
Have You culled for me in my heart?
For aeons You have been my Companion eternal.
In my darkness-life You appear
    in Your Light's Effulgence.
I invoke You at the dawn of my life,
During my life-course and at the end
    of my journey's close.
You neglect not even the one who is
    nowhere near the Shore.
You exist; therefore I speak.
O my Hope, You have enveloped Yourself
    in my rainbow-dream.

Translated into English by Sri Chinmoy from his original Bengali poem "Kata Dure".

মোর মন বনে তবো মধু বাঁশি,
মধু সুরে ওই বাজে।
আলোর লহরী সাঁঝে আর ভোরে,
মোর প্রাণে ঘিরে রাজে।
তব মধু নাম জপি অবিরাম
আমার সকল কাজে।
শেষ অনুরোধ – দিবানিশি রবে
হৃদয় গহন মাঝে।

Mor mănă băne tăbă mădhu bāñshi,
Mădhu sure oi bāje
Ālor lăhări sāñjhe ār bhore,
Mor prāne ghire rāje.
Tăbă mădhu nām jăpi ăbirām
Āmār săkăl kāje.
Shesh ănurodh – dibānishi răbe
Hridăy găhăn mājhe.

In the forest of my mind,
Your sweet Flute You are playing
    most melodiously and hauntingly.
The waves of light in the morning
    and in the evening
Are dancing below, above and around me.
Your Nectar-Name I repeat
    at every blossoming moment
In all my multifarious deeds.
My last plea is that I shall feel
    Your Presence
In the depths of my heart.

Translated into English by Sri Chinmoy from his original Bengali poem "Mor Mana Bane".

অন্ধকারে ছিলাম মাগো, সেথায় যে আর থাকবোনা,
ভুল করেও লোভ ও মোহে কভু আমি ডাকবোনা।
যা পেয়েছি আঁধার হতে বড়ই পীড়াদায়ী,
আমি হবো আজ হাতে মা, তোমার স্তন্যপায়ি।

Ăndhăkāre chhilām māgo, sethāi je ar thākbonā
Bhul kăreo lobh o mohe kăbhu āmi dākbonā.
Jā peyechhi āñdhār hăte bărăi pirādāyi,
Āmi hăbo āj hăte mā, tomār stănyăpāyi.

Mother Divine, in darkness I was.
No longer shall I remain there.
Even by mistake I shall not call upon
temptation and attachment.
Whatever I have received from darkness
is most excruciating.
Mother, from today on I shall be
Your babe in arms.

Translated into English by Sri Chinmoy from his original Bengali poem “Andhakare Chhilam Mago”.

এবার আমি যাবো তোমার কাছে,
ঘোর আঁধারে বাসবোনা আর ভালো।
তোমার কৃপা প্রাণে আমার নাচে,
চৌদিকে মোর আলো তোমার আলো।
মিথ্যা মোহ চূর্ণ হলো আজ,
দূর দিগন্তে শুনি তোমার জয়।
তুমি হবে এবার আমার তাজ,
তোমায় পেলে আমি যে নির্ভয়।

Ebār āmi jābo tomār kāchhe,
Ghor āñdhāre bāsbonā ār bhālo.
Tomar kripā prāne āmār nāche,
Chăudike mor ālo tomār ālo.
Mitthyā mohă churnă hălo āj,
Dur digănte shuni tomār joy.
Tumi hăbe ebār āmār tāj,
Tomāye pele āmi je nirbhoy.

This time I shall go to You.
I shall no longer love darkness-night.
Your Compassion-rays dance in my heart:
Light, a flood of Light within and without.
Falsehood-attachment is smashed asunder today.
I hear Your Victory-trumpet in far-off lands.
From now on, You will be my crown divine.
In You I grow into my will adamantine.

Translated into English by Sri Chinmoy from his original Bengali poem "Ebar Ami Jabo Tomar Kachhe".

নবীন বরষ, নবীন বরষ
পরাণে এনেছো অসীম হরষ,
অমরার ডাক, প্রশান্তি বরাভয়।
আলো শরনীর আলোর যাত্রি,
অবচেতনার তিমির রাত্রি
বিলুপ্ত আজি, মোরা চির অক্ষয়।
কোথায় দৈন্য? কোথায় ক্লান্তি?
দুরে বহুদুরে মানস ভ্রান্তি!
ঊষা দেববালা সম্মুখে মোদের রাজে।
আনন্দ ঘন কাগল দিপ্তি,
মোদের আকুতি, মোদের তৃপ্তি,
পরম পিতার বাঁশরি হৃদয়ে বাজে।

Năbin bărăshă, năbin bărăshă,
Părāne enechho ăsim hărăshă.
Ămărār dāk, prăshānti bărābhoy.
Ālo shărănir ālor jātri,
Ăbăchetănār timir rātri
Biluptă āji, morā chiră ăkkhoy.
Kothāi dăinyă? Kothāi klānti?
Dure băhudure mānăs bhrānti!
Ushā debăbālā sămukhe moder rāje.
Ānăndă ghănă kāgol dipti,
Moder ākuti, moder tripti,
Părăm pitār bāñshări hridăye bāje.

New Year, New Year,
Into our heart you have brought
Infinite Delight, Peace and Compassion
    and the call of Heaven.
We are the pilgrims of Light Divine
    marching along the road of Light.
The night of tenebrous gloom
    and stone-inconscience is extinguished today.
We now are growing into the everlasting life.
Where is poverty, inner and outer?
Where is the sense of depletion?
Where are the errors of the mind?
    Far, very far are they.
Dawn, the daughter of the gods, before us stands.
The Light of Heaven, filled with nectar,
Is our aspiration-cry and our satisfaction-smile.
The Flute of the Absolute Father plays
    in the breath of our heart.

Translated into English by Sri Chinmoy from his original Bengali poem "Nabin Barasha".

শ্রী চিন্ময়

লেখক পরিচিতিঃ

শ্রী চিন্ময় একজন মানবতাবাদী কবি, যিনি তাঁর সমগ্র কর্মময় জীবনে মানব জাতিকে শান্তি ও সম্প্রীতির লক্ষ্যে অনুপ্রাণিত করতে সচেষ্ট ছিলেন। আধুনিক রেনেসাঁ মানব হিসেবে তিনি মানুষের অন্তরের গভীরে শান্তির ধারণাকে বিকশিত করার এবং বিশ্বের সব স্থানের শ্রেণি-পেশার মানুষের কাছে 'শান্তির ধারণাকে প্রসারিত করার জন্য' তাঁর সাহিত্য, সঙ্গীত, কলাসহ তাঁর সব সৃজনী প্রতিভাকে কাজে লাগিয়েছিলেন। নেলসন মেন্ডেলা, গর্বাচেব, পৃথিবী বিখ্যাত বক্সার মোহাম্মদ আলী, অলম্পিক সেরা কার্ল লুইস, সুর সম্রাট পণ্ডিত রবী শংকর, জেইন গুডঅল, লিওনার্দ বার্নস্টেইন, এল সুব্রামনিয়াম, প্রিন্সেস ডায়ানার মত বিশ্ব নেতারা তাঁকে 'শান্তির মানব' হিসেবে স্বীকৃতি দিয়েছিলেন।

বৃটিশ ভারতের বাংলার চট্টগ্রামে ১৯৩১ সালে জন্ম নিলেও কৈশোর থেকেই তিনি দক্ষিণ ভারতের ঋষি শ্রী অরবিন্দ আশ্রমে সাহিত্য, ললিত কলা, আধ্যাত্মিক জ্ঞান সংগ্রহ ও আত্মসংযমে নিমগ্ন ছিলেন। এখানেই তিনি নানা ধরনের ক্রীড়া ও শারীরিক শিক্ষায় উৎকর্ষ লাভ করেন। ১৯৬৪ সালে তিনি মার্কিন যুক্তরাষ্ট্রের নিউইয়র্কে আসেন। নিউইয়র্কে থেকেই তিনি সারা বিশ্বের সাতটি মহাদেশে তিনশ'র বেশি শহরে মেডিটেশন সেন্টার গড়ে তোলেন। আধ্যাত্মিকতার অর্থ বাস্তব জীবন

SRI CHINMOY

Biographical Information about the Poet

Sri Chinmoy was a seer poet first and foremost, inspiring peace, goodwill and harmony throughout the world. Being a modern renaissance-man, he used his creative works such as literature, music, art and lecture to foster the growth of inner peace and to spread the concept of Shanti to people from all walks of life, from all over the world.

He has been widely recognized as a man of peace by leaders and world luminaries such as Mikhail Gorbachev, Madiba Nelson Mandela, L. Subramaniam, Ravi Shankar, Leonard Bernstein, Jane Goodall, Muhammad Ali, Carl Lewis and so many others.

Born in Bengal (Chittagong) in 1931, Sri Chinmoy spent the early years of his life in South India immersed in studying spiritual disciplines and the humanities. He also excelled in several sports. He came to the United States in 1964, and from a New York base then established some 300 meditation centres in all parts of the world. He led an active life, demonstrating vividly that spirituality is not an escape from the world, but a powerful means of self-transformation and world improvement.

থেকে পালিয়ে যাওয়া নয়; বরং প্রচণ্ড শক্তিশালীভাবে নিজের জীবনকে রূপান্তরিত করে এ বিশ্বকে আরও সুন্দর করার এক জ্ঞান। শ্রী চিন্ময় বিশ্বময় শান্তি প্রতিষ্ঠার লক্ষ্যে সাতশ'রও বেশি বার কনসার্ট করেছিলেন। 'শান্তি প্রত্যেক মানুষের জন্মগত অধিকার' বলে তিনি বিশ্বাস করতেন; তাই তাঁর সঙ্গীত কনসার্টের বা মেডিটেশনের জন্য শ্রোতা বা অংশগ্রহণকারীদের কাছ থেকে কখনোই কোন ফি বা প্রবেশ মূল্য গ্রহণ করেননি, সব ছিল ফ্রি। এখনো সেই ধারা অব্যাহত আছে। ১৯৭০ সালে জাতিসংঘের সেক্রেটারি জেনারেল উ থান্টের গভীর উৎসাহে ও সহযোগিতায় বিশ্ব শান্তির লক্ষ্যে জাতিসংঘের মূল ভবনে সপ্তাহে দু'দিন মেডিটেশন সেশন শুরু করেন, যা আমৃত্যু ৩৭ বছর পর্যন্ত তিনি চালু রেখেছিলেন, তা এখনো তাঁর ছাত্ররা চালু রেখেছে।

শ্রী চিন্ময়ের কর্মময় জীবনে চতুর্থ পোপ পল, ২য় পোপ জনপল, মাদার তেরেসা, ডেসমন্ড টুটু, ইউরোপের সুফী প্রধান পীর বিলায়েত খানসহ বিভিন্ন ধর্মের নেতাদের সাথে শান্তি ও সম্প্রীতি প্রতিষ্ঠার অংশীদার হিসেবে গভীর সম্পর্ক গড়ে ওঠেছিল। যা মানব জাতির নৈতিকতাকে উন্নীত করার বহুমুখী কার্যক্রম, বৈশ্বিক সহযোগিতা ও একাত্মতার চেতনা বৃদ্ধিতে সহায়ক ছিল। জাতি ধর্ম নির্বিশেষে বিশ্বের উৎকর্ষতা ও একাত্মতার জন্য সবাই হাতে হাত মিলিয়ে কাজ করার চেতনা সৃষ্টির জন্য তিনি বিভিন্ন কর্মসূচি দিয়েছিলেন। এভাবে তিনি সব ধর্ম বিশ্বাসী, বিভিন্ন পেশার মানুষকে সম্মিলিতভাবে আরও উন্নত বিশ্বের জন্য কাজে অনুপ্রাণিত করেছিলেন।

শ্রী চিন্ময় বিশ্বের বিভিন্ন প্রান্ত থেকে মর্যাদাপূর্ণ বিভিন্ন পুরস্কারে ভূষিত হয়েছেন। এসবের মধ্যে জাতিসংঘের সেক্রেটারি জেনারেলের ও ইউনেস্কোর পুরস্কার, পোপ চতুর্থ পলের পুরস্কা, মহাত্মা গান্ধী পুরস্কার, বৌদ্ধদের শান্তি পুরস্কার, মাদার তেরেসা পুরস্কার, হার্ভার্ড বিশ্ববিদ্যালয়ের পুরস্কার ইত্যাদি ছাড়াও বিভিন্ন বিশ্ববিদ্যালয় ও ভিয়তনামসহ বিভিন্ন দেশের বহু অনারারি ডিগ্রি পেয়েছেন।

Sri Chinmoy had offered hundreds of Peace Concerts, over 700 in fact, all over the world. He did not charge any fees for his concerts or meditations in his firm belief that peace is everyone's birthright.

In 1970, upon the strong encouragement and support of then Secretary-General U Thant, Sri Chinmoy began conducting twice-weekly meditation sessions for world peace at the United Nations and continued doing so for some 37 years.

Sri Chinmoy had also met with many religious leaders, including Pope Paul VI, Pope John Paul II, Mother Teresa, Archbishop Desmond Tutu, and Sufi leader Pir Vilayat Khan, numerous times through the years, in moments of shared peace. Sri Chinmoy's ennobling work and multi-faceted activities have helped to increase humanity's awareness of the need to work together towards global cooperation and oneness. In this way, he has helped unite thousands of people from all faiths and from all fields, to share their collective aspirations for a better world.

Sri Chinmoy was a recipient of numerous prestigious awards such as the Gold Papal Seal from Pope Paul VI, and the Nehru Medallion presented by UNESCO, Paris in 1995. He received jointly, with Martin Luther King's wife Coretta Scott King, the Mahatma Gandhi Universal Harmony Award from the Bharatiya Vidya Bhavan USA in 1994 on Mahatma Gandhiji's 125th birth anniversary. He also received the "Vishwa Sama Duta" (Ambassador of Universal Peace Award) from the Asgiriya Order of Buddhist Monks of Sri Lanka, The

শ্রী চিন্ময়ের অভিপ্রায় ও সংকল্প ছিল সুস্পষ্ট। মানব জাতির মধ্যে সম্প্রীতির অনুভূতি জাগরুক করা। যাতে সবাই আমরা ‘একই বিশ্ব মানব পরিবার’ এই মনোভাব জাগ্রত হয়। সঙ্গীত, কাব্য, সাহিত্য, সাংস্কৃতিক কার্যক্রম, নীতিপূর্ণ ভাষন, মেডিটেশন শিক্ষা, বিভিন্ন ধরনের ক্রীড়ার উদ্যোগ, জাতিসংঘে বহু দশক ধরে নিস্বার্থ মেডিটেশন, ইত্যাদি মানুষের অন্তরে হারমোনি তথা সম্প্রীতিপূর্ণ ঐকতান সৃষ্টি করে এবং নিজের প্রতি ইতিবাচক ও অন্যদের প্রতি সম্প্রীতিপূর্ণ মনোভাব সৃষ্টিতে সহায়তা করে বলে তিনি বিশ্বাস করতেন। সারাজীবন তাই একাত্ম বিশ্বের লক্ষ্যে মানব জাতির হারমোনির জন্য তিনি কাজ করে গেছেন।

United Nations Silver Medallion from the UN Secretary-General in 1976, and an honour from The Pluralism Project at Harvard University in 2000. He was honoured with the Mother Teresa Award from the President of Macedonia in 2001, and the Pellegrino di Pace (Peace Pilgrim Award) awarded by the International Centre for Peace Among the People, based in Assisi, presented by President Gianfranco Costa in Rome in 1998. He had also received several honorary degrees.

Sri Chinmoy's intention seems clear, it being none other than the hope of inspiring oneness and harmony in the world, believing that fine arts can move people towards harmony, harmony with the self, harmony with others. This theme is recurrent throughout all of his creative endeavours, be it through poetry, music, art, lecture, cultural performance, teaching meditation, sponsoring sporting events, or his many decades of dedication to the United Nations as a vehicle for harmony in the world. That theme is harmony, harmony within and harmony without. Harmony throughout a Oneness-World.

Alphabetical Index of First Lines of English Poems

sending her again into a profound slumber; and these were, so far as we could judge, uniformly successful. One of the experiments consisted in the operator, while standing at her back, placing his hands each near one of hers, and then gradually extending his arms, still keeping the fingers pointed towards her, when her arms were, or seemed to be, drawn apart by an irresistible power. This, however, was one of the cases in which collusion appeared possible; though on a minute, and certainly rather sceptical scrutiny, we confess that we feel by no means certain that it was practised.

After this had been continued for some time, the most searching test was introduced. *A powerful magnetic galvanic battery was introduced, and the last-mentioned girl was exposed to its full influence. She stood it without the movement of a muscle, except that her hands were contracted; which is, we believe, the invariable effect of the trial. Several gentlemen present, in order to satisfy themselves that there was no deception, tried the effect of the same apparatus, but could not endure, for half a minute, what the girl had endured for three minutes, and what she tried again without the slightest reluctance, and with the same apparent unconsciousness.* The experiment was then tried upon the former girl. While in the state of somnambulism she felt the pain, though it did not wake her; but when thrown into a state of perfect sleep, though the muscles of her hand and arm worked, there was no appearance of pain in her face. *Another girl, the sister of the second, was introduced, and underwent the same test with perfect indifference and seeming freedom from all pain.*

We have thus stated what we actually witnessed. That certain wonderful effects were produced was beyond all doubt, and that no other means were employed than the pointing or waving of the hands of the operator also seems clear. Of course we cannot say how far training might have perfected the girls in the part they played, if it was acting; but, to say nothing of the character of Dr. Elliotson, and the securities which the publicity of the hospital affords against any such practices, the appearance and manner of the subjects experimented upon forbids the supposition that such was the case. It would seem that there are powers and susceptibilities in the human frame yet undeveloped, and whose existence is hardly suspected; and whatever may be the opinion formed by any one of the absolute worth of these trials, they cannot deny but that they open out a new and interesting chapter in human nature. With these speculations we have, however, nothing to do for the present. We went as spectators, and our business is merely to give a faithful narration of what we saw.*

* In the early part of this volume a variety of experiments are reported—many of which, it must be admitted, were very cruel—to establish beyond a doubt the absolute insensibility of the persons operated upon; but none of these perhaps even equalled in intensity that described in the above case, of a magnetised patient being subjected to the shock of a galvanic battery without manifesting the slightest sensation. This, too, was an experiment performed in one of the public hospitals in London, in the presence of many witnesses, not one of whom probably, at the time, believed even in any of the subordinate phenomena of Animal Magnetism.

IV.

CASE OF HYSTERIA TREATED MAGNETICALLY, IN PRIVATE PRACTICE, BY S. SANDYS, ESQ., SURGEON, 4, FRANCIS TERRACE, CAMDEN TOWN.

(Extracted from the *Medical Gazette*, February 10th, 1838.)

A. S., aged about 42, a female of quiet and sedentary habits, her occupation being that of a sempstress, has for several years been subject to dyspepsia, with a remarkable though variable state of the tongue, the whole or a part of the skin falling off about once in ten days, leaving the exposed surface raw and painfully sensitive; in twenty-four to thirty-six hours it appears as usual again. For this she has been under constant treatment, of which daily exercise in the open air formed a part. About the middle of November she was affected with a constant vomiting, partially relieved by creosote (the efferverscing saline having failed), and completely removed by hydrocyanic acid. This was accompanied by pain and weakness in the back and loins. About a month afterwards she was affected with retention of urine, requiring the constant use of the catheter. Six or seven days after this she was observed one evening to rise from her bed (about nine, P.M.) in a state bordering on somnambulism. She put her shawl over her shoulders, saying that she must go out and take a walk: this she was with difficulty restrained from doing, as her strength was much augmented at the time, and she declared vehemently, "she would go out, as Mr. Sandys had ordered her." After a few minutes she began to tremble violently, clinging for support to any one standing near her: her strength gradually decreased, and she suffered herself to be laid upon the bed, when she shortly awoke sensible. This attack did not fail to come on every evening, at first for a few days spontaneously, afterwards in some way dependent upon the use of the catheter, as it always supervened immediately after that operation, though the time was purposely varied at uncertain intervals, between half-past eight and half-past ten, beyond which time, if the operation were delayed, the attack appeared to come on spontaneously.

During the attack, she exhibits a most pointed aversion to all females, not shewing any friendly recognition of her sister, or any of her friends or acquaintance, positively denying their identity, and declaring that they are all in league to keep her in confinement.

This paroxysm daily increased in violence and in-duration.* Persuasion, fear, and the cold "douche," having failed to quiet it, recourse was had to Battley's sedative solution, in half-drachm doses, given shortly before the expected time of the attack; the strait waistcoat was applied, and she was tied in bed. The attack came on as usual, but gradually gave way under the influence of the opiate; she slept about three hours.

* So violent had she now become, and so malicious were her expressed intentions during the attack, both as regarded the destruction of herself and sister, the burning of the house, the frequent attempts she made to jump out of the window, and to dash her head against the wall, that more active means of restraint were thought necessary.

Her state, during the next and three following days, was, however, such as to forbid a perseverance in its use; she vomited her food constantly; her head was in racking pain; she felt worse than usual, and, to use her own expression, "perfectly wretched."

The duration of the attack at this time, if left uncontrolled, was usually two and a half to three hours, when she gradually became quieter, though she still continued muttering, and at length became sensible, without, however, having once closed her eyes.

I now felt that as Mesmerism had the sanction of so eminent a physician as Dr. Elliotson in these cases, I was quite justified in trying it.

On the evening, therefore, of December 27th, the usual passes were made, and continued for about fifty minutes, beginning soon after the commencement of the attack. From that day to this, a period of more than a month, the manipulations have been followed by one uniform result—a state of coma (if I may so call it), or profound Mesmeric sleep, coming on gradually after a certain length of time (requiring fifteen or twenty minutes before any effect is observed, and about thirty-five to produce the full effect), the respiration becoming slower, and so gentle as to be quite inaudible; at length a deep-drawn sigh, followed in about five minutes by a second, after which we find the extremities generally so rigid, that moving one leg moves the whole body. There is also always a great diminution, if not a total absence, of sensibility in the skin, as evinced by the following tests: pinching, pricking, scratching, and tickling, particularly the soles of the feet, which at other times she cannot endure.

Her sense of hearing seems equally dull, shewing no

sign of perception when her own name is shouted in her ear ; not the slightest movement even of the eye-lid being visible when a watchman's rattle is suddenly sprung at her bedside. Yet it has appeared to me several times, that when in this state, certainly when in progress towards it, she is sensible of any exertion of the voluntary muscles, even of resistance without motion, and this after all the ordinary sensibility of the skin appears extinct.

She shews no consciousness when violently shaken, and the use of the scarificator (having been cupped on the loins when in this state) produced a short expression of uneasiness rather than of pain ; and she immediately relapsed into her comatose condition, not having in the morning the slightest recollection of what had passed.

The catheter, if introduced while she remains in this state, has the effect of partially rousing her, requiring a few more passes of the hand to quiet her.

She was left for two successive nights without the Mesmerism; the attack each night came on as usual, lasted about three hours, and left her low, exhausted, faint, and sleepless; each morning she expressed herself as not being nearly so well. Next day the Mesmerism was resumed, and she was quieted as usual.

About ten days afterwards, the attack was one evening allowed to remain for forty-five minutes, at which time (her violence being undiminished) the usual passes were made, and were soon followed by their ordinary effect.

From this Mesmeric sleep she commonly awakens in about three hours, quite sensible. I should here say, that the above phenomena have as frequently been produced by my pupil, Mr. W. Whitehouse, as by myself; indeed it was he who first, by persevering for about fifty minutes, produced the marked effects above described, though I had several times previously observed a slight and transient drowsiness or quietude result from a few passes.

The introduction of the catheter in the morning has once or twice been followed by a short and slight attack, similar to that of the evening; this has likewise sometimes preceded the operation.

There has throughout been a remarkable temporary loss of power in the lower extremities. In the daytime she can walk firmly; whereas at night, during the attack, when she sets her feet on the floor, the knees sink under her, and she falls instantaneously, without staggering, and without attempting to save herself.

The same results have uniformly followed the Mesmerism if practised in the day-time, independently of the attack, or of catheterism—the same succession of symptoms—the same insensibility to external impressions. It, however requires less time to effect this—twenty to twenty-five minutes being sufficient. From this day-sleep she awakes in about three hours, much refreshed.

In conclusion, I have only to add, that should any member of our profession wish to convince himself, and to be an eye-witness of the results obtained, shall be happy to shew him the case at any time.

V.

CASE OF RHEUMATISM, WITH PERIODICAL FITS OF DELIRIUM, TREATED MAGNETICALLY, IN PRIVATE PRACTICE, BY THOMAS CHANDLER, ESQ., PARADISE-STREET, ROTHERHITHE.

(Extracted from the *Lancet*, April 14th, 1838.)

MR. D., aged 18, had a severe attack of rheumatism in January, 1837, which was at first confined to the knees, but on the third day, the 8th, it suddenly attacked the scalp; pulse 120, and other symptoms of fever; he was bled to ℥xij, and took calomel and opium.

9th. Better in the morning, but in the afternoon all the symptoms returned with increased violence, and late in the evening he became suddenly delirious, and remained so all night, although he was again bled, which quieted him a little.

10th. Remains much in the same state as last night; his head was shaved, and spirit lotion applied; very soon after the application of the lotion he became sensible, after having been delirious sixteen hours.

He had no return of the delirium until the evening of the 11th, when, at seven, another attack occurred, which lasted two hours, though without violence. The lotion was again used, and also sinapisms to the feet, with decidedly beneficial effect. He continued to have a fit every evening, varying not more than an hour in its time of commencement, and lasting from one to two hours; his nights were sleepless, but during the day he appeared tolerably well.

Quinine was now used, grs.ij. every four hours, and grs.vj. an hour before the attack; this had the effect of shortening the fit and making it later every night, until at last, after intermitting one evening, it left altogether. The attack lasted twelve days ; but one fit, produced by excitement, occurred five nights after.

He remained perfectly well until Dec. 6th, when he was again attacked with rheumatism, which was followed in two days by periodical fits of delirium much more violent than in January. Quinine was again used in much larger doses, but apparently without effect. Dr. Blundell was consulted, and prescribed musk, and afterwards arsenic with it, under which treatment he again recovered about the 23rd.

January 22nd, 1838. I was again sent for, and found him suffering from rheumatism; in the evening he had an attack of delirium (of the same character as formerly, but still more violent), which recurred every evening with such violence that three strong men with difficulty restrained him, snapping at all who approached him, and biting the sheets and pillows. Cold applications to the head aggravated instead of relieving him; musk, arsenic, quinine, carbonate of iron, and creosote, all in large doses, failed giving the slightest relief; five drops of Scheele's hydrocyanic acid, on the second night, increased to eight, appeared to moderate, in some degree, the violence of the fit. On the seventeenth day of the attack—viz., 8th Feb., the fits had gradually increased in duration to three hours. This evening Dr. Elliotson saw him during the attack, and tried Mesmerism, but apparently without effect. He, however, persuaded me to try it again on the following evening.

Friday, February 9th. Commenced Mesmerism at eight, P.M., and continued two hours and a quarter; the fit came on about nine, and lasted one hour and a quarter. The stages of the fit were very evident, though he remained so quiet that he did not require the slightest restraint; it went off suddenly in a burst of laughter, after several attempts. To-day he took his medicine as usual—viz. *carbonate of iron*, ℥iv, *sulphate of quinine*, ℈j, in the course of the day, and grs. viij of *hydrocyanic acid* and grs.xij of *creosote* an hour before the fit.

February 10th. Commenced Mesmerism at a quarter past eight, and continued it an hour and a half; the attack then ceased as last night; medicines as yesterday. He now allows that there is some influence in this marvellous remedy, which he at first treated with contempt.

11th. Commenced at ten minutes past eight, and continued an hour and a quarter; the fit lasted fifty minutes; it appeared more violent as he raised his head from the pillow, and stared much more than on the previous evenings, but between these movements the sleep was more profound. He now sleeps about three hours at night, which he has not done since the commencement of the illness.

12th. The acid and creosote were now omitted. Began manipulating at eight, P.M.; continued one hour; the fit lasted forty-five minutes.

13th. Thinking the fit might be brought on at any hour, commenced at half-past seven; it came on in five minutes, and lasted twenty-five.

14th. Has passed a very quiet night, and appears much better this morning. Mesmerised him at eight, P.M.; fit came on in eight minutes, and lasted twenty-five; symptoms much as usual; but in the intervals the sleep is much more profound.

15th. Omitted all medicine but a tonic. Commenced at a quarter before nine; fit came on in four minutes, and lasted twenty-four; sleep very profound in the intervals; and when the fit went off he did not awake as usual until I made some transverse passes with the hand before his eyes, which instantly aroused him. After the fit he is troubled with violent headache for half an hour, followed by intense itching of the scalp, lasting for about two hours.

16th. Commenced at ten minutes to nine; fit came on in three, and lasted twenty-two minutes.

17th. Mesmerised him at seven; fit came on in three, and lasted twelve minutes. I terminated it thus early thinking it might be shortened at pleasure, as it was so brought on; he awoke the instant the transverse passes were made, and appeared much better than usual, dressed himself again, and remained up two hours, ate a hearty supper, and slept well.

18th. As his nose had bled rather profusely for two nights, ordered a few leeches to be applied to his temples in the evening, to which he strongly objected, and was much irritated by my suggesting them, as his father insisted on their being applied. Grown bold by experience, resolved to magnetise him earlier in the day; commenced accordingly at a quarter past four; though dreadfully excited at the time, he was sound asleep, and the fit came on, in five minutes. Fearing to terminate it as quickly as yesterday, allowed it to last seventeen minutes, when I awoke him as usual, and he appeared more tranquil.

19th. Magnetised him at a quarter before one; he was sound asleep in two minutes, though perfectly cheerful before; a slight fit came on, which I terminated in seven minutes; he remained well all the rest of the day.

20th. Omitted the manipulations; he had no attack, nor has he had one since; from this time he may be considered well.

Two experienced medical men, besides the members of the family, witnessed the effects of the remedy, if so it may be called.

N.B.—Any medical men who may feel interested by this account, and wish to learn further particulars of the case, can apply to the author, and may, through him, procure an interview with the father of the patient, who will feel much pleasure in corroborating these facts.*

* It should be distinctly understood, that this testimony in favour of animal magnetism is on my part unsolicited. It is the voluntary attestation of medical practitioners, who have been induced to try experimentally the magnetic treatment, and as such, it ought certainly to have considerable weight with the profession.

VI.

CASE OF EPILEPSY TREATED MAGNETICALLY, IN PRIVATE PRACTICE, BY J. N. BAINBRIDGE, ESQ., SURGEON, 86, ST. MARTIN'S LANE, LONDON.

(Extracted from the *Lancet*, April 28th, 1838.)

SARAH OVERTON, aged twenty, a simple and undesigning girl, had become an inmate of the workhouse of the parish of St. Martin, in consequence of her being unable to get a living for herself on account of epileptic fits, to which she had been subject from two years of age. She has been under my care during the last three years, and I have ransacked the whole Pharmacopæia for medicines for her. She has been repeatedly cupped, bled, blistered, had setons in the neck, and her diet has been regulated, without any except an occasional slight alleviation of her complaint. She generally had two or three fits daily, and they sometimes lasted four, five, and even six hours ; she was perfectly insensible during their continuance, and often required three or four persons to hold her down ou the bed to prevent her injuring herself.

On Tuesday last, April 10th, I was going round the wards of the infirmary ; she was then in a fit, and had been so for six hours. Having seen the accounts in the Lancet regarding Mesmerism, and Dr. Elliotson being an authority in its favour, although I had never seen it practised, and was rather sceptical regarding its existence, I determined the next day to try it upon this patient. Without the girl being informed, or having the least knowledge of what was going to be done, or for what purpose, the process was commenced by my pupil, Mr. Vidal, and I sat beside, watching the progress. In about ten minutes she complained of increased weight and pain in the head ; I joked with her, and told her it was all fancy. In about five minutes more I found her pulse lower in frequency ; she occasionally sighed, and there was a slight twitching of one hand ; on being asked a question she attempted but could not answer me, and in twenty minutes her head fell back, and she was in a profound trance. I tried many efforts to arouse her, such as tickling the face and neck with a piece of tape, which I also passed up her nose ; I lifted her arm up two feet from the chair and let it fall, and she was shaken by the nurse,—all without the least effect ; she was carried to bed, where she was allowed to remain half an hour, when, after about half a dozen transverse passes over the eyebrows, she awoke. From that time to the present, (Tuesday, the 17th,) she has never had a fit, and she has been in every respect perfectly well. Whether they will return I cannot say, but certainly the effect has been most remarkable.

I have six or seven other epileptic cases in the infirmary, which I shall subject to the same process, and shall communicate the results to the public.

VII.

REPORT OF HERBERT MAYO, ESQ., PROFESSOR OF PHYSIOLOGY, IN FAVOUR OF ANIMAL MAGNETISM.

(Abridged from the *Medical Gazette,* April 21st, 1838.)

I MUST premise, that many of the effects which I have to mention are such as I should have given no credit to, unless I had seen them repeatedly produced (so that they were evidently reproducable at pleasure), not by one or two only, and by the initiated, but by several, including myself, indifferent spectators, and that under such a variety of circumstances as entirely to do away with the possibility of deception. Different persons arrive at conviction upon points of questionable probability in different ways: some are most influenced by authority; with myself, I will frankly admit, in the present instance, authority went for nothing. The facts which had been narrated to me appeared perfectly incredible till I saw that they were certain......................

The Mesmeric trance may exist in two degrees, one analogous to sleep, the other analogous to somnambulism. Dr. Elliotson, on the occasions to which I advert, exhibited three patients, girls, of ages between thirteen and seventeen, who displayed in succession these two states, alternating with each other, or with the rational waking state, at the pleasure of the operator. These two states may be called Mesmeric coma, and Mesmeric sleeping-walking. — Mesmeric coma is a state of profound insensibility, in which the pulse is slightly quickened, the breathing gentle and natural, the pupil as ordinarily, but turned up or rolling away when the eyelids are opened, contracting on exposure to light. The insensibility is so profound as not to be disturbed by a strong electric shock, or by the sustained action of a magneto-galvanic battery, each so intense as to be intolerable to most persons. It should be mentioned that the muscles were convulsed under the influence of the galvanic discharge, while it appeared to be unfelt by the patient. The lesser stimuli of pinching or pricking the skin, or pulling the hair, produce no effect whatever. It is not to be doubted that any surgical operation might be performed upon a person in this state without her feeling it.—In Mesmeric sleep-walking, the patient is to a certain degree awake to external objects, and is able to support herself, and to walk about, but with hesitation and insecurity: she sees, but the eyes remain fixed for distant vision, so that objects close at hand appear double: she hears, but has no perception of the direction of sound, so that she does not turn her head to one addressing her standing by her side; if the voice is a familiar one, she recognises it, and is anxious to know where the person is, and looks in search of the person, but looks straight before her only. The insensibility to touch is as great as in the Mesmeric coma: neither pinching the skin, nor pulling the hair, nor touching the surface of the eye, nor the electric or galvanic shock, provoke sensation any more than in the former state. Whether the muscular sense, and taste, and smell, are suspended, is not yet ascertained. Dr. Elliotson inclines to think that the former is preserved; Mr. Wheatstone is of opinion that, together with taste and smell, the muscular sense is temporarily extinguished. Citric acid, and soda, which Mr. Wheatstone placed on the tongue successively, seemed to excite no sensation. Snuff does not produce sneezing. But one of these little patients, having two different weights placed in her hands, lifted more readily, and said that it was easier to lift the lighter than the heavier. The extent to which reflection and volition are awake in this state, appears to differ in different individuals. Two of the three young patients talk fluently, with great readiness of apprehension and reply, and some humour, in the state of somnambulism; the other, who is younger, and when awake, of a more quiet and gentle disposition, hardly answers more than yes or no. The difference probably has to do with two causes: one, natural character, the other, the passing or permanent tendency to ordinary somnambulism and fits of delirium. One of the three patients shewn by Dr. Elliotson, after being thrown into the Mesmeric coma, spontaneously and suddenly awakes into the state of somnambulism, with an appearance of pleasure and delight at her returned consciousness, and instantly begins addressing observations to persons or objects around her. One of the two others requires to be artificially, and by a peculiar manipulation, aroused from the state of coma into that of somnambulism. The period in which one or both of the others would remain in the state of coma seems to be indefinite. Dr. Elliotson mentioned that one had been kept in this state twenty hours. With the state denoted by the term "Mesmeric coma" I know no spontaneous disorder of the system that has been proved to be identical; but it is highly probable that in some other trances, and in some hysteric fits, insensibility as profound exists............

"When the state of coma supervenes, the iris contracts, as it does when one drops asleep; but the contraction is transient, and goes away suddenly. It may be seen coming on for three or four seconds, while the coma is supervening; the moment that is complete, the pupil becomes natural again, and maintains the same degree of contraction or dilatation as under the same light in the waking state. From the state of coma, it has been mentioned that one, if not two, of Dr. Elliotson's patients, spontaneously, in about a minute, wakes into the Mesmeric somnambulism. In the others, or in one of them certainly, this change does not take place spontaneously. To produce it a manipulation is used, which is equally effective with all three. If with both thumbs the eyebrows are once or twice strongly rubbed from the nose outwards, the little patient opens her eyes, and is at once in the state of somnambulism above described, and can hear and speak. A similar manipulation used on the forehead, or the cheek, or the chin, is totally useless, and the patient is left in the same state of coma as before. The same manipulation continued longer, restores the patient to perfect waking and the natural condition of the mind and body. When she is in the state of somnambulism, the least motion directed towards the patient by any spectator, not only when near, but when several feet off, instantly produces the state of coma. *This* effect takes place with more certainty if the motion is in front of the patient. Not only on moving the hand downwards, but on bowing, or on raising the foot before the patient, with a direction towards her, she drops into total unconsciousness. The coma is produced with equal certainty if a thick screen of board is interposed between the operator and the patient, as if he is standing immediately before and seen by her; but the effect does not then ensue as soon as otherwise. One mode of inducing the state of coma upon somnambulism is to blow upon the patient's eyelids. What makes this effect the more singular is, that when the patient has thus been rendered comatose, blowing upon the eyelids awakens her into somnambulism; so the patient's sleep-walking senses may be blown out, and afterwards blown in again.

Of the instances already given of the production of Mesmeric phenomena, some are quite incompatible with the notion that they are excited by impressions made upon the mind, through the common avenues of sensation. The following, on the one hand, help to put that alternative supposition quite aside, and on the other, determines some of the conditions necessary for the operation of the Mesmeric influence ....When Dr. Elliotson's little patients are in a state of Mesmeric somnambulism, if you place your hand near their hands or feet, and move your fingers, the fingers of the hands, or feet of the patients, likewise begin to move.* If, then, or after having simply held your hand near the hand or foot of one of the somnambulists, you draw your hand slowly away, the hand or

* The visitors who have recently attended my *séances*, will remember more than one magnetical result of this kind, which doubtless suggested to many a suspicion of collusion. In one case, that of a woman about sixty years of age, while in a somnambulic state, her hand turned round, and her foot was raised or put down, in obedience with the movement of my hand. In another

foot of the patient follows your hand. After the hand or foot has followed your hand a short distance, the patient drops from the state of somnambulism into the state of coma,—that is to say, the effect thus produced is twofold. The influence of your hand is first to drag the hand or foot of the somnambulist after it; secondly (like every other movement directed at the somnambulist), to determine coma. And these results ensue equally, whether you are before the patient and seen by her, or at her side, or out of the sphere of vision, or behind her, a thick wooden screen being interposed............A pasteboard screen being interposed between Dr. Elliotson and the little somnambulist, when he advanced his hand, with one finger lifted, towards her, she became mute and dull, but did not fall; when he repeated the experiment with a dose of three fingers, she fell at once. This must necessarily appear ridiculous, unless you saw it, and saw it repeatedly succeed, as I have. There is, however, some seeming caprice in all these results; sometimes it happens that, no sensible cause having interfered, for many minutes no Mesmeric phenomena can be produced; sometimes the cause may be traced. When, for instance, the little somnambulists are much interested in anything going on before them, the efforts of the magnetiser are temporarily baffled. The Mesmeric influence shown in the production of coma may be conveyed from one person in the state

case, that of a lady, magnetised for a severe head-ache. I made her rise from her chair and follow me, obeying my manual movements in any direction. In this latter case, the eyes were fixed, joints rigid, and she was, during the time, in a state of complete magnetic insensibility.

of somnambulism to another.—The three little patients, in the state of Mesmeric waking, were seated in three chairs, holding each others hands. A sheet of pasteboard was then interposed between the first and second. The first was then thrown into the state of coma; the other two immediately fell into the same. On trying then to wake the first to the state of somnambulism, the ordinary means failed; the influence of the coma of the two others beat the means employed to wake the first. On separating her hand from that of the second, she was awakened at once by the common means.—The Mesmeric influence will not travel through a person not in the state of somnambulism—from one Mesmeric somnambulist to another. Dr. Elliotson sat down in the place of the middle one of the three engaged in the last experiment, holding a hand of each of the others. On throwing one of the latter into coma, the other was unaffected, and remained, as before, in the state of somnambulism.—The Mesmeric influence, shewn in the production of muscular movements, may be conveyed from one person in the state of somnambulism to another. The three little patients being disposed as in the last instance but one, and a pasteboard screen being interposed between the first and second, on exciting motions in the unengaged hand of the first by the proximity of the hand of the operator, similar motions took place in the unengaged hand of the third, and some motion in the clasped hands of the second and third............But one is sure to be finally met by the question—*Cui bono* the limited Mesmerism which you admit? Some one on a similar occasion made the same inquiry of Franklin, who replied to the question of the minute philosopher, by asking another

—What is the good of a new-born infant? As it happens, our infant at its present birth has shewn practical prowess and utility; it has vanquished in its cradle an epilepsy and an hysteric palsy.*

* In conclusion, Mr. Mayo declares, that although prepared to expect that other phenomena may be obtained, yet he disbelieves, "as wild extravagance, the pretended Mesmeric clairvoyance." This is a rash, because premature, declaration. It has been already stated by Mr. Mayo that he would not have believed in the facts he has attested, unless he had personally witnessed them; and it is not to be expected, reasoning *à fortiori*, that he will accredit the phenomena of clairvoyance, unless he also witness it. The professors of animal magnetism do not pretend that clairvoyance is an ordinary phenomenon: on the contrary, they aver that it is only occasionally developed in the highest degree of the magnetic state. It is evident that the circumstance of Mr. Mayo not having *yet* witnessed this state, is no more an argument against the existence of this phenomenon, than the circumstance of Mr. Mayo not having witnessed, six months ago, the facts he has now attested, could have been then any legitimate argument against their existence. Furthermore, I do not understand why all authorities in attestation of the ostensible facts of animal magnetism are to be repudiated: "With myself," says Mr. Mayo, "I will candidly admit that in the present instance authorities went for nothing." Why so? In this case, Mr. Mayo has given himself a great deal of unnecessary trouble, in publishing the details of his own experience; for, on the same principle, it is competent for any member of the profession to turn round on Mr. Mayo, and retaliate: "Yes, this is all very well; but authorities, in the present case, go for nothing; I do not believe one fact you have attested." This would certainly be a very unjustifiable impeachment of Mr. Mayo's veracity, or competency as a man of science; yet it is the inevitable consequence of the assumption upon which he denies, in the face of all authority, the possibility of Mesmeric clairvoyance. There is no fact in the whole history of the experimental sciences better and more clearly authenticated than the occurrence of clairvoyance. I have myself repeatedly witnessed it; and I have no doubt, that as Mr. Mayo's experience in animal magnetism increases, he will do so likewise.

VIII.

REPORT OF THE CASE OF LUCY CLARK, TREATED BY BARON DUPOTET DE SENNEVOY, AT NO. 20, WIGMORE STREET, CAVENDISH SQUARE. COMMUNICATED BY GEORGE DENTON, ESQ., SURGEON, TOTTENHAM.

LUCY CLARK is eighteen years old. In her thirteenth year she was suddenly seized with a fit, for which she could assign no cause. A fortnight afterwards she had a second; in her fourteenth year she had a third; and in her sixteenth year a fourth, when she became so constantly subject to them, that for three months she scarcely passed two days without a fit. During this time many remedies were administered; at last a seton was applied to the neck, and for the four months it was allowed to remain there she had no recurrence of her fits. The seton had scarcely been removed a fortnight when her fits returned. For one month various remedies were tried, which failing, the seton was re-applied, and worn for seventeen months. During this period many plans of treatment were adopted, and the seton was frequently removed, sometimes accidentally, and sometimes intentionally, in order to observe if the fits would return, which they invariably did. She was subject to the fits even while she wore the seton, if it did not discharge.

The last time she had a fit was when the seton was accidentally removed, on the 15th of July last; and on the 16th, after replacing it, I magnetised her. I was so surprised at her susceptibility of the mysterious influence of its effects, that I was led to introduce her, at the North London Hospital, to the Baron Dupotet, whose patient she has continued ever since.

For some time I was constantly present while the Baron magnetised Lucy Clarke, and heard her repeatedly state, long before the 29th of October, that that was the day her seton should be removed, but that the Baron should continue to magnetise her until the 30th of November, and that then her fits would be cured. Accordingly, the seton was removed on the day above stated. In the month of November she received a very severe blow on the head, which she said would protract her cure one month.

The girl has had no fits since the day she was first magnetised, and, until this last month, has taken no medicine. The Baron still magnetises her once a week.

For the blow she received on the head it was found necessary twice to bleed her, which was done, at her own request, during her magnetic state of insensibility.

☞ Reports of other cases treated magnetically in the public hospitals, and also in private practice, are being daily communicated to Baron Dupotet; but as he cannot delay the publication of the present volume to give them insertion, they will appear in the work which he has already announced.

20, *Wigmore Street, May 5th*, 1838.

T. C. Savill, Printer, 107, St. Martin's Lane.

THE OCCULT

An Arno Press Collection

Adare, Viscount. **Experiences in Spiritualism With Mr. D.D. Home.** [1869]

Atwood, M[ary] A[nne]. **A Suggestive Inquiry into the Hermetic Mystery.** 1920

Benson, Robert Hugh. **The Necromancers.** 1909

Blood, Benjamin Paul. **Pluriverse:** An Essay in the Philosophy of Pluralism. 1920

Bonwick, James. **Irish Druids and Old Irish Religions.** 1894

Britten, Emma Hardinge. **Nineteenth Century Miracles:** Or Spirits and Their Work in Every Country of the Earth. [1884]

Cahagnet, L[ouis] Alph[onse]. **The Celestial Telegraph:** Or Secrets of the Life to Come Revealed Through Magnetism. [1850]

Capron, E.W. **Modern Spiritualism:** Its Facts and Fanaticisms, Its Consistencies and Contradictions. 1855

Davenport, Reuben Briggs. **The Death-Blow to Spiritualism:** Being the True Story of the Fox Sisters, as revealed by authority of Margaret Fox Kane and Catherine Fox Jencken. 1888

Dupotet de Sennevoy, [Jean]. **An Introduction to the Study of Animal Magnetism.** 1838

Du Prel, Carl. **The Philosophy of Mysticism.** Two vols. in one. 1889

Five Years of Theosophy. [1894]

Hinton, C[harles] Howard. **The Fourth Dimension.** 1912

Hinton, C[harles] H[oward]. **Scientific Romances:** First and Second Series. Two vols. in one. 1886/1922

[Hitchcock, Ethan Allen]. **Remarks Upon Alchemy and the Alchemists.** 1857

Home, Mme. Dunglas. **D.D. Home:** His Life and Mission. 1888

Jennings, Hargrave. **The Rosicrucians:** Their Rites and Mysteries. [1907]

Kiesewetter, Karl. **Der Occultismus des Altertums** (Occultism in Antiquity). Two vols. in one. [1895]

Kiesewetter, Karl. **Geschichte des Neuren Occultismus:** Volume I and Volume II, Die Geheimwissenschaften (A History of Modern Occultism: Volume I and Volume II, The Secret Sciences). Two vols. 1891/1895

Lacuria, P[aul] F[rançois] G[aspard]. **Les Harmonies de l'Être Exprimees par les Nombres** (The Harmonies of Being Explained by Numbers). Two vols. in one. 1899

London Dialectical Society. **Report on Spiritualism of the Committee of the London Dialectical Society.** 1871

The Mediums and the Conjurors. 1976

Moses, William Stainton. **Spirit Teachings Through the Mediumship of William Stainton Moses.** 1924

Myers, Frederic W.H. **The Subliminal Consciousness.** 1976

Nichols, T.L. **A Biography of the Brothers Davenport.** 1864

Oliphant, Margaret Oliphant W. **Memoir of the Life of Laurence Oliphant and of Alice Oliphant, His Wife.** 1892

A Quest Anthology. 1976

Rivail, Hippolyte Léon Denizard (Allan Kardec, pseud.). **Spiritualist Philosophy: The Spirits' Book.** 1893

Sinnett, A[lfred] P[ercival], ed. **Incidents in the Life of Madame Blavatsky.** 1886

The Society for Psychical Research Report on the Theosophical Society. 1976

Solovyoff, Vsevolod Sergyeevich. **A Modern Priestess of Isis.** 1895

Underhill, A. Leah. **The Missing Link in Modern Spiritualism.** 1885

Zöllner, Johann Carl Friedrich. **Transcendental Physics.** 1888